BEDUINEN IM NEGEV

STAATLICHES MUSEUM FÜR VÖLKERKUNDE · MÜNCHEN
MUSEUM FÜR VÖLKERKUNDE · WIEN

BEDUINEN IM NEGEV

Eine Ausstellung der Sammlung Sonia Gidal

Text und wissenschaftliche Bearbeitung
Friederike Korsching

*Mit 71 Schwarzweiß-Abbildungen
und 16 Farbtafeln*

VERLAG PHILIPP VON ZABERN · MAINZ AM RHEIN

Die Ausstellung wird gezeigt in:
MÜNCHEN ab 25. Juli 1980 bis 1. März 1981
im Staatlichen Museum für Völkerkunde,
Maximilianstraße 22
WIEN, im Frühjahr 1981 im Museum für Völkerkunde,
Neue Burg

Umschlagbild: Foto S. Gidal
Fotos der Ausstellungsobjekte: S. Autrum-Mulzer
Wissenschaftliche Beratung: L. Vajda

Den Transport der großen Objekte
übernahm freundlicherweise die Fluggesellschaft EL AL

Frontispiz:
Abb. 1
Beduine der *ʿAṭāwna*, Negev. Photo: S. Gidal

144 Seiten mit 71 Schwarzweiß- und 16 Farbabbildungen

ISBN 3-8053-0462-5 / Printed in Germany / Imprimé en Allemagne

Inhalt

Wie ich zu den Beduinen kam

Sonia Gidal

Ich war achtzehn Jahre alt, als ich in die Altstadt Jerusalems ging, um mich für mein Vorhaben richtig auszurüsten. Ich wollte die Beduinen im Norden Palästinas besuchen. Es war das Jahr 1940. Ein Jahr schon Krieg in Europa! Ich hatte meine Geburtsstadt Berlin am 13. März 1938 verlassen und saß im Zug nach Triest, als deutsche Truppen in Österreich einmarschierten.

Die Ausrüstung, die ich mir in der Altstadt zusammenstellte und deren Erwerb mit viel Aushandeln und Tausch verbunden war, bestand aus zwei schwarz-weißen Ziegenfellen, die ich mir als Oberteil zusammennähte. Dazu eine kurze Hose aus Wüstengazelle, zugeschnitten von einem arabischen Schneider. Dann ging es zum Schuster. Ich bestellte mir ein Paar helle Kamellederschuhe und bat den Altstadtschuster, sie mir nach meiner Zeichnung eines Bundschuhs zu arbeiten. Es war sicher der erste und letzte Bundschuh, der in Jerusalem hergestellt worden ist. Er hielt über zehn Jahre!

Meine Begleiter waren ein Jerusalemer Sabra namens Jizhak und ein junger Engländer, ein Freund von Jizhak, der viel Witz und Komik hatte und außerdem in englischer Uniform war, sozusagen ein »Herr des Landes«, denn Palästina war Englisches Mandat. Bis Tiberias wollten wir mit dem Autobus fahren und von dort aus nördlich in Richtung Syrien laufen. Glücklicherweise wurden wir ein großes Stück des Weges von einem Lastwagen, der Orangen transportierte, mitgenommen. Jizhak bestimmte, wann wir uns ausruhen sollten; er wollte uns vor einem Hitzschlag bewahren. Immer fand er einen alten schattigen Olivenbaum oder einen großen Strauch am Jordan, wo wir uns ausstreckten, schluckweise Wasser tranken, Datteln und Oliven zu unseren braunen hartgekochten Eiern aßen. Noch war kein Zelt in Sicht. Tommy aus London war immer guter Stimmung und sang im Gehen auf der Landstraße Lieder, die ihn manchmal außer Atem brachten, denn es waren keine Wanderlieder. Ich sang bündische Klotzlieder und kam wieder in den Bundschuh-Rhythmus rein, bis Jizhak plötzlich ausrief: »I see a black tent!« Wir hatten uns mit unseren drei verschiedenen Muttersprachen auf das Englische geeinigt, denn Tommy redete und verstand nur Englisch. Jizhak sprach Hebräisch, Arabisch und Englisch, und ich sprach Deutsch, Hebräisch und mein Berliner Schulenglisch.

Jizhak hatte im Süden wie im Norden Palästinas Beduinenfreunde, ich habe nie herausfinden können, wo er diese Bekanntschaften gemacht hatte, vielleicht war er, außer Student zu sein nebenbei ein Schmuggler von »hēl«, dem Gewürz, das so wichtig für den Geschmack des arabischen Kaffees ist und das von weit her, wohl aus dem Jemen, eingeschmuggelt wurde und sehr teuer war. Aber ich weiß es nicht, und ich habe ihn nie gefragt.

Außerdem verkaufte Jizhak den Beduinen Lederbeutel und Markt-Taschen aus Leder, die sein Vater in Jerusalem herstellte. Jizhak also hatte seinen Freund Ibrahim im Stamme der El Azazut, die ihre Weidegründe nördlich vom Ḥuleh-See hatten, nahe der Quelle des Jordanflusses, am Banias, unweit der syrischen Grenze. Wir wollten eigentlich wieder rasten, als Jizhak das Beduinenzelt sah. Es war bereits Nachmittag, der Übergang von Tag zu Nacht ist kurz in Palästina. Hunde bellten aufgeregt, Kinder schrien, hohe Frauenstimmen gaben Befehle. Wir blieben in einiger Entfernung stehen – ruhig und abwartend. Es gab noch viele Zelte, zwanzig oder mehr zählte ich, sie lagen ringsum an den Hängen des Wadis, des ausgetrockneten Flußbettes, das vor uns lag. Eine Beduinenstimme beruhigt die Hunde – ein Beduine schreitet langsam mit großen Schritten auf uns zu, fragend und anbietend: »Tfadal!« sagt er lächelnd und gibt uns die Hand. »Tfadal! Ahlan wa sahlan!« Willkommen! Willkommen bei meiner Familie und auf meinem Gebiet!« Bei dieser Willkommensgeste weist uns sein ausgestreckter Arm den Weg zum Zelteingang – zu dem Männer- und Gästeabteil des großen schwarzen Ziegenhaarzeltes.

Dieses Wort »Tfadal« hat es mir angetan. Das Wort und die Handgeste bedeuten so viel mehr als nur »bitte« – es ist die große Geste der Gastfreundschaft, die Sicherheit und Geborgenheit bringt, das Gebot der Beduinen, den Wanderer einzuladen, ihm Essen und Trinken zu geben, ihm ein Lager zu bereiten und nicht zu fragen, warum er hierher kam und wohin er weiterziehen will. Dies gilt auch für des Gastes Kamel oder Pferd. Sie sind im Schutze des Zeltes, im Schutze des Stammes – seine Gastgeber werden auf ihn aufpassen und ihn beschützen so lange er im Zelte ist. »So lange das Salz meines Gastgebers in meinem Magen ist, bin ich beschützt – wohl drei Tage und drei Nächte lang« dachte ich, ich hatte es irgendwo gelesen.

Der Vater von Ibrahim, Scheich Hamed vom El Azazut-Stamm lud uns also ein. Sein Sohn ist bei der Kamelherde mit einem Käufer, er wird bald zurück sein. Jizhak ist beruhigt, der Vater wußte, daß er einmal zu Besuch kommen würde, er wußte nur nicht wann. Er wußte aber sicher nicht, daß Jizhak noch andere Gäste mitbringen würde! Mehrere Männer waren im Zelt. Sie saßen auf schönen handgewebten Teppichen. Es waren Familienmitglieder und jüngere Söhne. Wir setzten uns. Achmed, einer der Söhne, reichte uns Kaffee in kleinen weißen Mokkaschälchen, die auf einem Messingtablett standen. Zuvor noch hatte Achmed uns kühles Wasser langsam und vorsichtig aus einem Tonkrug über unsere Hände gegossen – wir hatten uns damit auch unsere Gesichter erfrischt. »Belebe deinen Geist«, sagte der Scheich und sah jeden von uns dabei an. Der Kaffee schmeckte scharf und bitter, er war mit Kardamumsamen, dem hēl, gewürzt.

Als wir uns auf die Teppiche gesetzt hatten und in großer Ruhe unseren Kaffee

Sonia Gidal bei Scheich Kajid Abdel Karim el Atauneh

geschlürft hatten – glücklich, endlich im Schatten eines Zeltes atmen zu können – ein feiner Wind kam durch die beidseitig geöffneten Zeltwände – da fing man an, über die zu kleinen Höcker der Kamele zu sprechen, da es zu wenig zu fressen gab in diesem Jahr der Dürre. Zu wenig Regen war gefallen.
Ich fragte durch Jizhak, meinen Übersetzer, ob ich hinter die Sahe, den Vorhang, der das Männerabteil des Zeltes von dem Frauenabteil trennt, gehen könnte und den Harem besuchen. Unser Gastgeber verschwand darauf im Harem. Wir hörten kleine Freudenschreie der Frauen nebenan. Die Sahe nimmt immer nur Dreiviertel der Zelthöhe ein, so daß oben genug Luft bleibt, um gegenseitig ein klein wenig mitzuhören oder Rufe zu vernehmen. Scheich Hamed kam wieder. Er nahm mich bei der Hand, eine schöne Hand mit langen schmalen Fingern, eine Hand, die nie gearbeitet hatte. Ich nickte Jizhak und Tommy zu – ihre Blicke sagten mir, sie wären gerne mitgekommen.
Ich wurde den vier Frauen vorgestellt: Wadha, Aisha, Nura, Feiha. Scheich Hamed deutete auf mich: »Sonia« sagt er und geht zu den Männern zurück. Wir wurden alleine gelassen. Ich werde auf ein großes Kissen gedrückt. Die vier Frauen und ihre Kinder hocken sich um mich herum. Ich konnte nur einige Höflichkeitsformeln mit

ihnen austauschen. Fünf Hühner, ein Schaf, eine Ziege, zwei Hunde lebten mit den Frauen. Sie reden aufgeregt über meine Kleidung. Alle Hände streichen über meine Gazellenlederhose. Ich muß meinen schwarzen Turban abnehmen, sie wollen meine Haare sehen und anfassen. Ich trage einen Bernsteinring und eine viereckige sportliche Uhr am Handgelenk, das letzte Geschenk meiner Mutter an mich in Berlin. Alles wurde angefaßt, selbst meine weißen Wollsocken. Um den Hals trug ich ein Kettchen mit einem kleinen silbernen Dreieck, das Geschenk eines Freundes beim Abschied von Berlin 1938. Als Wadha, wohl die Älteste der vier Frauen, die ganze Zeit mit diesem Dreieck an meinem Hals spielte und es sicher gerne haben wollte, merkte ich, daß auch sie ein kleines dreieckiges Silberplättchen mit einem rötlichen Steinchen in der Mitte an ihrem Halse und direkt auf der Haut trug. Wir tauschten unsere Dreiecks-Anhänger und lachten. Dieser Tausch wurde das erste Stück in meiner Beduinensammlung. Immer wieder kehrte ich zu den Beduinen zurück – besonders zu den drei Stämmen in der Negev-Wüste: den El Atauneh, El Assasme und El Husaiel (*ʿAṭāwna, ʿAzāzma* und *Hazayl*).
Das zweite Stück meiner Sammlung war ein Dolch, den Kajid Abdel Karim vom Stamme der Atauneh mir als Abschiedsgeschenk gab, nachdem ich ein Jugendbuch, »Söhne der Wüste«, über ihn und seine Sippe geschrieben hatte – später wurde daraus mein erster Dokumentarfilm für Jugendliche im Münchner Fernsehen.
Es sei hier all den Beduinen, die ich in den letzten 40 Jahren traf, mein Dank ausgesprochen für die Hilfe, die sie mir gaben, für die Dinge, von denen sie sich trennten aber besonders für ihre große Gastfreundschaft.

Einleitung

Die Ausstellung »Beduinen im Negev« zeigt, bis auf eine Ausnahme, ausschließlich Gegenstände der Privatsammlung von Sonia Gidal, die sie in den letzten Jahrzehnten im Negev erworben hat. Sie stammen von den Beduinengruppen der *ʿAzāzma, Hazayl* und *ʿAṭāwna*. Frau Gidal hielt sich seit den 40er Jahren wiederholt im Gebiet des Negev auf, wo sie mit der Kultur der dortigen Beduinen vertraut wurde. Die Sammlung wurde nach und nach während dieser Aufenthalte erworben; die ältesten Stücke stammen aus den 40er Jahren, die jüngsten wurden im Verlauf der vergangenen 3 Jahre gesammelt. Sie repräsentieren somit nicht nur die gegenwärtige Situation, sondern lassen auch die rapiden Veränderungen der Lebensweise in den letzten drei Jahrzehnten erkennen.

Ethnographische Sammlungen, die die materielle Kultur von Beduinen dokumentieren, sind selten. Da es sich bei den in Frage kommenden Objekten der Beduinen überwiegend um Gebrauchsgegenstände handelt, die meist durch äußerste Einfachheit gekennzeichnet sind und nur selten kunstvolle Verzierungen aufweisen, wurden sie von den alten Reisenden und Sammlern wenig beachtet. Erst seit der Jahrhundertwende wurden gelegentlich derartige Sammlungen angelegt.

In diesem Katalog wurde versucht, sowohl die traditionelle Beduinenkultur zu schildern als auch besonders den Wandel in der Kultur der Negevbeduinen während der letzten hundert Jahre im Licht ihrer politischen und wirtschaftlichen Geschichte zu erklären.

Vor hundert Jahren waren die Beduinen praktisch die einzigen Bewohner des Negev und genossen eine weitgehende Unabhängigkeit. Ihre Kultur, die derjenigen der Beduinenstämme der angrenzenden arabischen Halbinsel weitgehend ähnlich war, war noch kaum mit der westlichen Zivilisation in Berührung gekommen. Der schon im 19. Jahrhundert begonnene und seitdem mit zunehmender Geschwindigkeit fortschreitende »Erschließungsprozeß« des Negev durch zentrale staatliche Macht und technische Zivilisation hat die dortigen Beduinen – ähnlich den meisten Nomaden in allen Teilen der Welt – schrittweise zum Aufgeben ihrer traditionellen Kultur gezwungen.

Die Sammlung Gidal vermittelt einen Einblick nicht nur in diesen Prozeß, sondern auch in Restbestände der herkömmlichen beduinischen Kultur, die dem Wandel zum Opfer fiel.

Grenzen des Negev

Die alte hebräische Bezeichnung »Negev« bedeutete einerseits »Südland« andererseits »Wüste«. *Abb. 2* Geographisch gesehen umfaßt der Negev heute alles Land südlich der sogenannten judäischen Berge und westlich vom Toten Meer und der *ʿAraba,* dem sich vom Toten Meer bis hinunter nach *ʿAqaba* bzw. Eilat hinziehenden Grabenbruch. Die westliche Grenze des Negev verläuft von *Rafaḥ* ab in einer relativ geraden Linie südöstlich bis nach *ʿAqaba.*

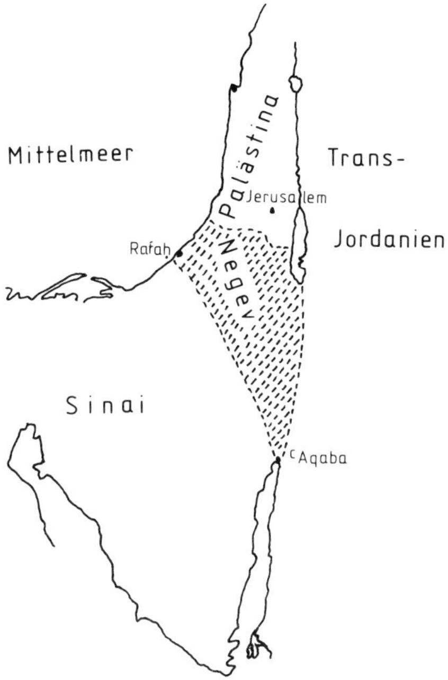

Abb. 2
Geographische Grenzen des Negev.
Karte: F. Korsching

Der Begriff Negev wird im folgenden sinngleich und abwechselnd mit dem von Südpalästina verwendet.

Beduinen und Fellachen

Das deutsche Wort Beduine geht auf das arabische Beiwort *badawī,* eine Erweiterung von *badw,* zurück. Mit diesem Begriff bezeichnet das Arabische die Bewohner der *bādiya,* der Steppe oder Wüste.

EIN KLEINES BEDUINENLAGER.

Abb. 3
Beduinenzelt. Sinai, Mitte des 19. Jahrhunderts.
Nach Ebers-Guthe (1884).

Das Wort *badawī* wurde von den Beduinen selbst nur selten als Eigenbezeichnung benutzt. Die Beduinen nannten sich im allgemeinen *ʿarab* und als Gegensatz dazu die Seßhaften *ḥaḍar*. Der Begriff *ḥaḍar* umfaßte sowohl die Städter als auch die Bauern, die im klassischen Arabisch *fallāḥūna,* in den heutigen Mundarten *fallāḥīn* heißen, was wörtlich »Spalter, d. h. Pflüger« bedeutet. *Abb. 3*
Weder der Begriff der *ʿarab* noch der der *fallāḥīn* bezeichnete jedoch eine einheitliche Lebensweise.

Zu den ʿArab, d. h. Beduinen, gehörten folgende, ihrer Lebens- und Wirtschaftsweise nach sich unterscheidende Gruppen:

1. Die ausschließlich oder überwiegend Kamele züchtenden Beduinen. Ihre Lebensweise war vor allem für die weiten inner- und nordarabischen Steppen bzw. Wüsten charakteristisch, wo sie – bedingt durch die allgemeine Anspruchslosigkeit und den geringen Trinkbedarf des Kameles – auch unwirtliche und wasserlose Landstriche nutzen konnten. Ihre jährlichen Wanderzyklen waren sehr ausgedehnt; die Entfernung zwischen den Sommer- und Winteraufenthaltsorten betrug meist mehrere hundert Kilometer. Diese mobilen Kamelzüchter galten als »der Adel der Wüste« (Musil) und standen innerhalb der beduinischen Rangordnung am höchsten.

2. Die überwiegend Kleinvieh (Schafe und Ziegen) züchtenden und nur wenige Kamele als Last- und Reittiere haltenden Beduinen. Da das Kleinvieh, vor allem das Schaf, regelmäßige, relativ häufige Tränkung und eine ausgiebigere Weide benötigt und auch kleinflächiger weidet als das Kamel, waren die Kleinviehzüchter sehr viel weniger mobil als die Kamelzüchter und mehr an das Vorhandensein von Wasser gebunden. Die meisten Kleinviehzüchter betrieben neben ihrer Tierhaltung noch in mehr oder weniger großem Umfang Ackerbau. Sie bildeten nach Musil somit eine Übergangsstufe zu den sog. »Halb-Fallāḥīn«.

Bei den »Fallāḥīn« konnte man in Palästina und den angrenzenden Regionen zwei Typen unterscheiden:

1. Die soeben genannten »Halb-Fallāḥīn« lebten überwiegend vom Ackerbau, wohnten zwar in Zelten wie die Beduinen, blieben jedoch das ganze Jahr hindurch praktisch am gleichen Ort. Da diese »Halb-Fallāḥīn« oft ehemalige Kleinviehzüchter waren, rechneten sie sich selbst teilweise noch zu den Beduinen.

2. Die eigentlichen »Fallāḥīn« wohnten den Herbst und Winter über dorfweise in festen Stein- oder Lehmhäusern; während des Frühlings und Frühsommers lebten sie nahebei in Zelten oder Höhlen, ernteten ihre Felder und kümmerten sich um ihre Schafe, die zu dieser Jahreszeit Jungtiere hatten und Milch gaben. Sie befanden sich innerhalb der Rangordnung der vier geschilderten Typen auf der untersten Stufe und wurden von den Beduinen verachtet und ausgebeutet.

Die Grenzen zwischen diesen 4 Lebensweisen waren keineswegs starr festgelegt. Es gab immer wieder Gruppen, die – gezwungen durch äußere Umstände – stufenweise oder auch abrupt von einer Lebensform zur anderen überwechselten.

So waren z. B. die in der Bergwüste nördlich von *al-Ḫalīl* (Hebron) Kleinvieh
Abb. 5 züchtenden *Taʿāmira* (s. Stammeskarte) ursprünglich »Fallāḥīn«, die das Dorf *Bayt*
(s. S. 20) *Taʿmur* bei *Bayt Laḥm* (Bethlehem) bewohnten. Da sie der ständigen Übergriffe sowohl der Staatsmacht als auch der Beduinen überdrüssig waren, gaben sie ihr Dorf als festen Wohnsitz auf (es diente ferner nur noch als Kornspeicher) und wanderten, nun in Zelten lebend, zwischen der Küste des Toten Meeres und den Bergen der judäischen Wüste herum.

Der entgegengesetzte Prozeß ließ sich ebenfalls beobachten. So wandelten sich die meisten der in relativ fruchtbaren Landstrichen des nördlichen Negev lebenden *Tiyāhā* im Verlauf des 19. Jahrhunderts von auch Ackerbau treibenden, nomadisierenden Kleinviehzüchtern zu fast seßhaften »Halb-Fallāḥīn«. Derartige Entwicklungen vom nomadischen Kleinviehzüchter zum »Halb-Fallāḥ« oder auch zum richtigen »Fallāḥ« wurden im allgemeinen dann begünstigt, wenn die Ackerbauern gegen überzogene Steuerforderungen und sonstige Übergriffe der staatlichen Behörden in höherem Maße gesichert waren.

Auch zwischen den Kamelzüchtern und den Kleinviehzüchtern war der Übergang fließend. Immer wieder nahmen Gruppen von ursprünglich Schafe und Ziegen haltenden Nomaden in größerem Umfang die Kamelzucht auf, während sie die Kleinviehzucht einschränkten oder ganz aufgaben. Der umgekehrt verlaufende Prozeß kam ebenso vor.

Wenn man – wie die Beduinen selber – die Kamelzüchter als typische Vertreter des Beduinentums betrachtet, kann man die Beduinen des Negev nicht als charakteristische Beduinen bezeichnen. Sie gehörten in ihrer Mehrzahl zu den Kleinviehzüchtern, die in verschieden großem Ausmaß auch Ackerbau betrieben und Kamele nur in geringerer Anzahl als Last- und Reittiere hielten.

Geschichte der Beduinen Südpalästinas

Unter der Herrschaft der Osmanen

Die Geschichte der im südlichen Palästina lebenden Beduinenstämme während der ersten drei Jahrhunderte osmanischer Regierung (d. h. ab 1517) ist nur in groben Zügen bekannt. Das Verhältnis der Beduinen zu den seßhaften »Fallāḥīn« und zu der osmanischen Administration war teilweise recht gespannt, vor allem seit der Zeit gegen Ende des 16. Jahrhunderts, als die Verwaltung der osmanischen Provinzen immer unzureichender wurde. Trotzdem waren zu dieser Zeit die von »Fallāḥīn« gehaltenen und beackerten Gebiete – besonders in der Ebene östlich von *Ġazza* – merkbar umfangreicher als in der osmanischen Spätzeit.

Abb. 4 Genauere Kenntnisse besitzen wir erst aus der Zeit seit dem frühen 19. Jahrhundert; in dieser Epoche setzen die Berichte von wissenschaftlich interessierten Arabien- und Palästinareisenden vermehrt ein.

Die geographische Verteilung der einzelnen Stämme bzw. Stammeskonföderationen zu Beginn des 19. Jahrhunderts entsprach bereits weitgehend derjenigen der zweiten Hälfte dieses Jahrhunderts. Der 1807 über *al-Ḫalīl* durch den Negev und den Sinai zum Katharinenkloster im südlichen Sinai reisende U. J. Seetzen nennt als einer der ersten Europäer mehrere Beduinengruppen und ihre Wohnsitze, *dīrāt:*

1. Die *Tiyāhā,* die das wüstenhafte Gebiet zwischen *al-Ḫalīl* im Norden und dem südlichen Sinai, besonders aber das mittelsinaitische *Tih*-Gebirge, von dem sie auch ihren Namen herleiteten, bewohnten.
2. Die »Beni Atíje«, die der Reisende westlich von *Bi'r as-Sabʿ* antraf, und über deren stammesmäßige Einordnung er sich nicht im Klaren war. Sie sind wohl mit den *ʿAṭāwna,* einer Untergruppe der *Tiyāhā,* identisch.
3. Die *Qudayrāt,* die Seetzen nördlich von *ʿAbda* (zentraler Negev) traf.
4. Die *ʿAzāzma,* von denen er mehrere Lager in den bergigen Gegenden des zentralen Negev fand.

Südwestlich von den *ʿAzāzma* begegnete Seetzen nur mehr einigen Lagern von Beduinen der *Tiyāhā.*

Seetzen beschreibt alle diese Beduinen als Kleinvieh und Kamele züchtend sowie in geringem Umfang Ackerbau treibend. Was ihr Verhältnis zu der osmanischen Administration anging, waren vor allem die südlichen *Tiyāhā* vollkommen unabhängig, während die weiter nördlich wohnenden Beduinen in einer gewissen tribu-

tären Abhängigkeit zu dem Mütesellim (Verwalter eines Sancak = Provinz) von *Ġazza* standen.

Der einige Jahre nach Seetzen reisende und für die Erforschung der Beduinen so wichtige J. L. Burckhardt besuchte den Negev und das südliche Palästina leider nur am Rande. In seinem klassischen Werk »Notes on the Bedouins and Wahábys« bringt er daher nur einige verstreute und nicht sehr detaillierte Bemerkungen über die dortigen Stämme. Er erwähnt die bei *al-Ḫalīl* lebenden, Ackerbau und Viehzucht treibenden *Ǧahālīn,* die *Tiyāhā,* die *Tarābīn,* die *ʿAzāzma,* die er fälschlich als Untergruppe der *Tarābīn* ansah, und die *Uḥaydāt*. Letztere spielten nach Oppenheim (1943) bis in die 30er Jahre des 19. Jahrhunderts eine politisch führende Rolle im nördlichen Negev, indem sie die umwohnenden Stammenskonföderationen der *Tiyāhā, Tarābīn, Ǧubārāt* (s. u.) und *Ḥanāǧra* (s. u.) beherrschten. Durch ihre Teilnahme am mißglückten Aufstand (1834) gegen die damalige ägyptische Besetzung des Landes verloren sie die Macht über die abhängigen Gruppen. In den 30er Jahren unseres Jahrhunderts stellten sie nur noch einen 40 Zelte umfassenden ›Stamm‹ dar.

In seinen syrischen Reisebeschreibungen gibt Burckhardt außerdem einen vergleichsweise ausführlichen Bericht über die *Ġawārna,* die Bewohner des *Ġawr* (Tal) südlich des Toten Meeres. Sie lebten hauptsächlich vom Anbau und wurden von den umwohnenden Beduinen verachtet und ausgebeutet.

Die ersten ausführlicheren Beschreibungen der verschiedenen Stämme des südlichen Palästina, ihrer Beziehung zueinander und ihrer Wohngebiete verdanken wir dem in den 30er Jahren des 19. Jahrhunderts reisenden Robinson. Die nachfolgende Stammeskarte – die die Verhältnisse um die Mitte des 19. Jahrhunderts widerspie-
Abb. 5 gelt – ist hauptsächlich nach seinen Angaben, ergänzt durch die Mitteilungen des um 1870 im Negev reisenden Palmer (s. u.), entworfen worden:

Die nur 150 Mann (Krieger) starken *Ǧahālīn* wohnten in den Landstrichen südöstlich von *al-Ḫalīl* bis hin zum Toten Meer. Sie besaßen einige wenige Pferde (die sämtlich den *Šuyūḫ* [Plural von *Šayḫ*] gehörten), etwa 200 Kamele und relativ viel Kleinvieh. Im Spätsommer, wenn alle Zisternen, aus denen sie gewöhnlich ihr Vieh tränkten, ausgetrocknet waren, zogen sie mit ihren Herden zu der Wasserstelle von *Kurmul,* die sie zusammen mit dem kleinen benachbarten Stamm der *Kaʿābna* nutzten. Die *Ǧahālīn* betrieben ferner extensiven Ackerbau; ihre Felder legten sie in verschiede-

◁ Abb. 4
Beduine, mit übermannsgroßer Lanze bewaffnet, auf dem Markt von *Yāfā*.
Palästina, Mitte des 19. Jh.
Nach Ebers-Guthe (1884).

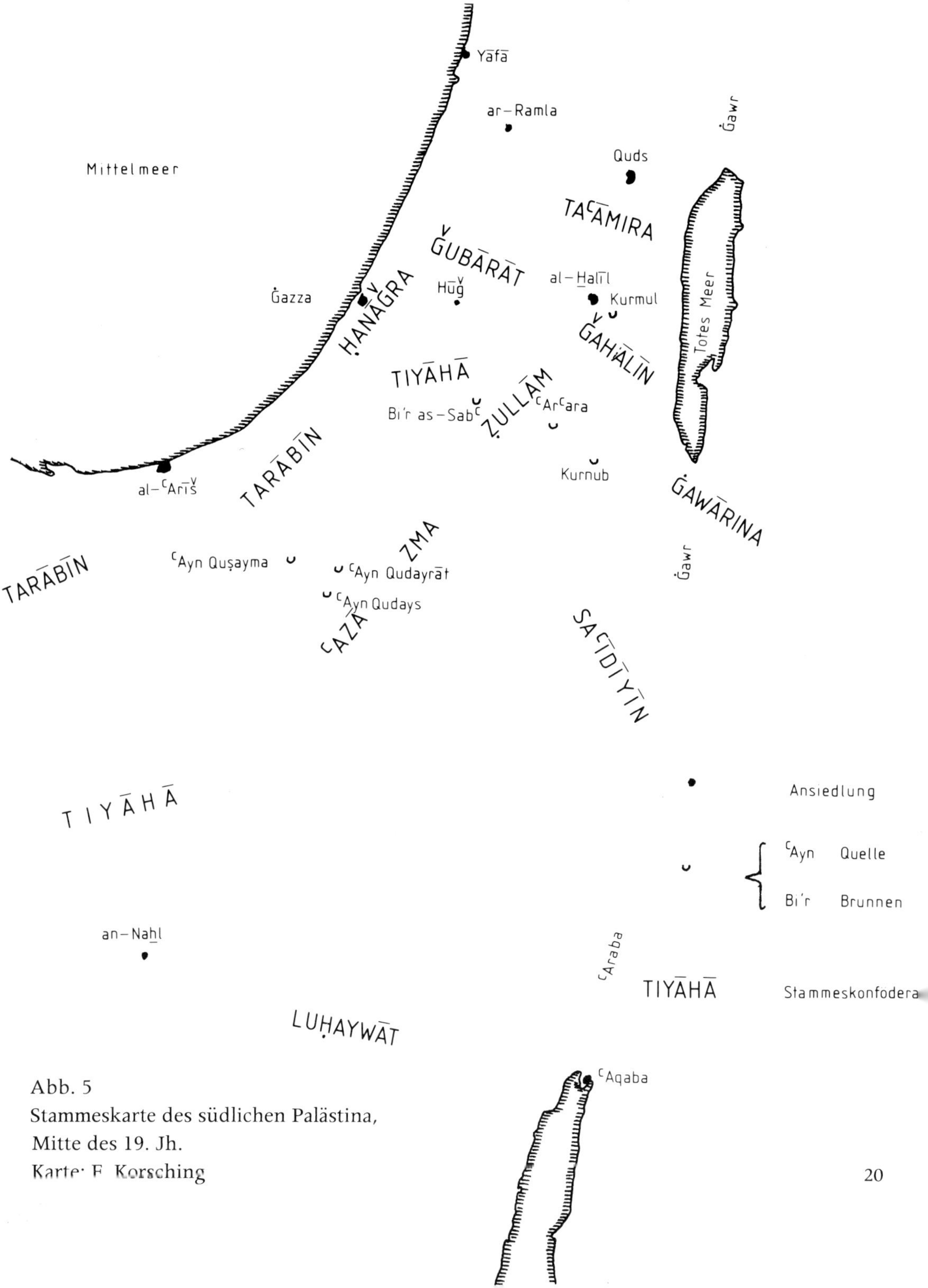

Abb. 5
Stammeskarte des südlichen Palästina,
Mitte des 19. Jh.
Karte: F. Korsching

BĪR ES SEBA'—BEER-SHEBA.

Abb. 6
Einer der beiden Brunnen von *Bi'r as-Sab'* und mehrere steinerne Tränken.
Mitte des 19. Jh.
Nach Thomson (1881)

nen schmalen Wādī's an. Politisch gesehen, waren sie zu Robinsons Zeit der staatlichen Verwaltung in gewissem Umfang steuerpflichtig. Sie besaßen jedoch alle noch ihre Waffen und unternahmen ausgedehnte Raubzüge. Im Kriegszustand befanden sie sich mit einer Reihe östlich des Toten Meeres lebenden Stämmen sowie zeitweise mit den südwestlich von ihnen wohnenen *Ẓullām*.

Die *Ẓullām,* über die Robinson keine zahlenmäßigen Angaben machte, lebten in *Abb. 6* einem Gebiet um und östlich von *Bi'r as-Sab'*. Sie betrieben etwas Getreideanbau und züchteten Schafe, Ziegen und einige Kamele. Ihre wichtigsten Tränkorte waren *Bi'r as-Sab',* das sie zusammen mit den *Tiyāhā* nutzten, und *'Ar'ara* im gleichnamigen Wādī. Spätere Reisende beschrieben allerdings ihr Land als weitaus weiter nach Süden, bis über *Kurnub* hinaus, reichend.

Die *Ẓullām* waren politisch eng mit den *Tiyāhā* verbunden, mit denen sie gemeinsame Raub- und Kriegszüge unternahmen.

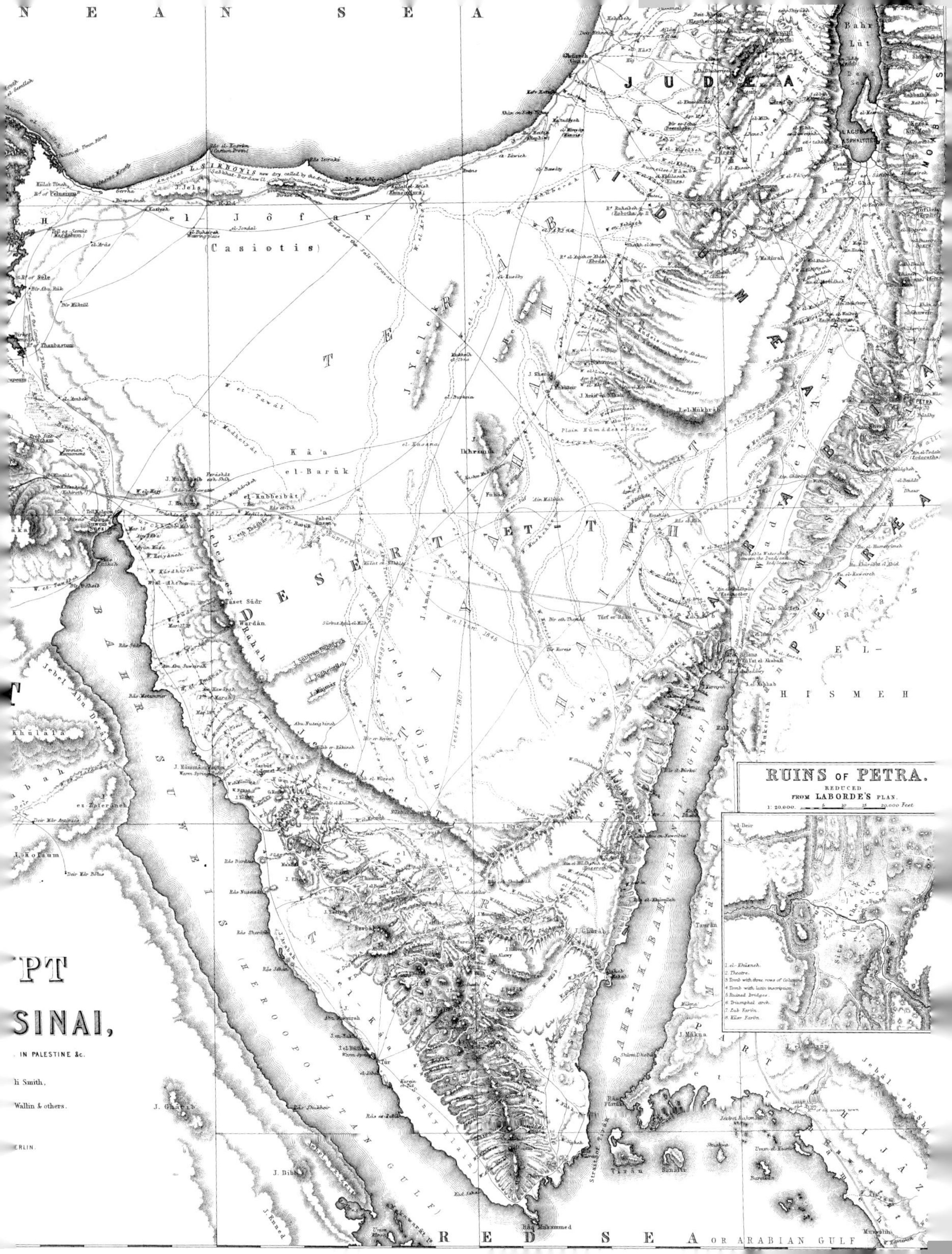

N E A N S E A
J U D Æ A
I D U M Æ A
LACUS ASPHALTITES
Bahr Lût
el-Jôfar
(Casiotis)
Sabkhat-Bardawîl
Kâ'a el-Barûk
D E S E R T
ET-TIH
A R A B I A P E T R Æ A
EL-HISMEH
BAHR SUWEIS
(HEROOPOLITAN GULF)
BAHR-AKABAH
(AELANITIC GULF)
RUINS OF PETRA.
REDUCED FROM LABORDE'S PLAN.
1: 20,000. 20,000 Feet
1. el-Khuzneh.
2. Theatre.
3. Tomb with three rows of Columns.
4. Tomb with latin inscription.
5. Ruined bridges.
6. Triumphal arch.
7. Zub Farûn.
8. Kusr Farûn.
Site of the City
PT
SINAI,
IN PALESTINE &c.
li Smith,
Wallin & others.
ERLIN.
Tirân
Senâfir
Râs Muhammed
RED SEA OR ARABIAN GULF
Wardân
Tûr
Serbâl
Petra
Jebâl esh-Sherâ
Hijâz

Die mächtigen nördlichen *Tiyāhā* beschrieb Robinson als um und nordwestlich von *Bi'r as-Sab'* wohnend. Im Frühherbst tränkten sie ihre Herden – Kamele und Kleinvieh – bei *Milḥ;* nach dem einsetzenden Winterregen schickten sie ihre Kamele ins *Ġawr* südlich des Toten Meeres zum Weiden, während sie selbst in das Gebiet des *Wādī Šarī'a* südlich von *Ġazza* zogen und dort Getreide aussäten. Die Bedeutung des Ackerbaus scheint bei den nördlichen *Tiyāhā* schon damals relativ groß gewesen zu sein. Spätere Reisende berichteten von der zunehmenden Rolle dieses Wirtschaftszweiges nach der Unterwerfung der Konföderation durch die osmanische Regierung gegen Ende des 19. Jahrhunderts:

> »Die meisten nördlichen Tijâha sind jetzt Halb-Fellâḥîn und nach wenigen Jahren werden sie ganze Bauern sein.« (Musil, AP III, 36)

Das Wohngebiet der *Tarābīn* erstreckte sich nach Robinson von der Gegend um Suez quer durch die sandigen Ebenen des nördlichen Sinai bis nach *Ġazza*. Über ihre Lebensweise bringt der Reisende leider praktisch keine Angaben. Bei ihren südlich von *Ġazza* lebenden Gruppen spielte – bedingt durch den fruchtbaren Boden – der Getreideanbau in späterer Zeit eine wichtige Rolle. Außerdem hielten die *Tarābīn* wie alle anderen beschriebenen Beduinen Kleinvieh und Kamele. Politisch waren sie die meiste Zeit eng mit den *Tiyāhā* verbunden, wenngleich es zwischen den beiden Konföderationen in der zweiten Hälfte des 19. Jahrhunderts zu kriegerischen Auseinandersetzungen kam.

Das ganze gebirgige Gelände des zentralen Negev wurde von der weit verstreut wohnenden Konföderation der *'Azāzma* eingenommen. Im Norden und Nordwesten
Abb. 7 grenzten die *'Azāzma* an die *Tiyāhā,* mit denen sie nach Robinson politisch alliiert waren, im Westen an die *Tarābīn*. Infolge der außerordentlichen Kargheit ihres Landes gehörten sie zu den ökonomisch schwächsten Beduinen des südlichen Palästina. Der um 1870 ausführlich in ihrem Gebiet reisende Palmer bezeichnete sie als einen der ärmsten und heruntergekommensten Stämme; während ersteres Urteil sicher zutraf, ist letzteres in erster Linie durch die vorurteilsvolle Einstellung Palmers begründet. Die *'Azāzma* züchteten hauptsächlich Kleinvieh und einige Kamele; der von ihnen betriebene Ackerbau beschränkte sich auf wenige geeignete Stellen in Bodensenken oder Wādī's. Für ihre Wasserversorgung waren sie in größerem Umfang auf Zisternen angewiesen.

Die schon von Burckhardt als arm und verachtet beschriebenen *Ġawārna* wurden von Robinson in ähnlicher Weise geschildert. Sie lebten in Hütten aus Schilfrohr

◁ Abb. 7
Karte Südpalästinas und des Sinai, Mitte des 19. Jh., von H. Kiepert. Nach Robinson (1856)

und bauten Weizen, Gerste, Durra und etwas Tabak an. Die umwohnenden Beduinen, die während des Winters in das *Ġawr* hinabstiegen, beuteten die *Ġawārna* umfassend durch Abgaben u. ä. aus. Die *Ġawārna* stellten im Gegensatz zu den bisher erwähnten Gruppen keine Konföderation und keinen Stamm dar; sie wurden auch weder zu den Beduinen noch zu den Seßhaften gerechnet. Sie waren eine eigenständige, nach ihrem Wohnort *(Ġawr)* benannte Gruppe, die auch außerhalb unseres Gebietes, im nördlichen Jordantal bei Jericho sowie am *Ḥūla*-See, vorkam, wo sie außer vom Anbau noch von der Büffelzucht lebte.
Die *Ǧubārāt* lebten nordöstlich von *Ġazza* in der Gegend um *Ḥūǧ*. Robinson erwähnte ihre Teilnahme an dem – hauptsächlich von Bewohnern Mittelpalästinas getragenen – Aufstand gegen die ägyptische Besatzung (1834). Nach dessen Scheitern wurden die Überlebenden, soweit sie nicht geflüchtet waren, zwangsweise angesiedelt. Diese staatliche Maßnahme war jedoch nicht von dauerhafter Wirkung. Über die ursprüngliche Lebensweise der *Ǧubārāt* berichtete Robinson nichts; vermutlich lebten sie ebenso wie die ihnen benachbarten Gruppen von einer Kombination aus Ackerbau und Viehzucht. Die Bedeutung des Anbaus wird entsprechend den recht fruchtbaren Böden relativ groß gewesen sein.
Die *Ḥanāǧra* bewohnten den Küstenstreifen um und südlich von *Ġazza*. Robinson bemerkt kaum etwas über sie. Nach den späteren Angaben von Musil waren sie »einheimische Halb-Fellâḥîn«, d. h. sie führten ein überwiegend seßhaftes Leben und betrieben in erster Linie Ackerbau.

Das Verhältnis der Beduinen Südpalästinas zu den sie umgebenden staatlichen Mächten änderte sich im Verlauf des 19. Jahrhunderts.
Während die Osmanen das Gebiet offiziell seit 1517 regierten, übten sie jedoch faktisch bis zur vorübergehenden (1831–1840) ägyptischen Okkupation nur eine rein nominelle Herrschaft aus. Den Beduinen im Negev gelang es – wie auch den Beduinen und sogar vielen Städtern und »Fallāḥīn« in den anderen arabischen Provinzen des Osmanischen Reiches – sich eine relative Unabhängigkeit zu bewahren. Steuern an die Staatsmacht wurden sehr selten entrichtet, und die osmanische Administration konnte sich nur durch Bestechungen, Wortbrüche, gelegentliche Morde, sowie das Gegeneinanderausspielen rivalisierender *Šuyūḫ* innerhalb der verschiedenen Stämme einen geringfügigen Einfluß auf die Beduinen verschaffen.
Einen ersten Einschnitt stellte die kurzlebige ägyptische Herrschaftsperiode unter *Ibrāhīm Pāšā* (1831–1840) dar, der sich rühmte, »die Araber« mittels Enthauptungen beherrschen zu können. Es gelang der neuen Verwaltung, die schwächeren Beduinenstämme, die in größerer Nähe zu den Städten und Dörfern wohnten, steuerpflichtig zu machen und teilweise auch zu entwaffnen. Die mächtigen Konföderationen des eigentlichen Negev wie die *Tiyāhā, Ẓullām* u. a. waren aber in der Lage, sich

Abb. 8
Schule für die Söhne von Häuptlingen in *Bi'r as-Sabʿ* zur Türkenzeit. Die osmanische Regierung versuchte durch die Einrichtung solcher Schulen mehr Einfluß auf die Beduinen zu gewinnen.
Palästina, Anfang 20. Jh.

gegen die ägyptischen Versuche, ihre Unabhängigkeit zu beschränken, zur Wehr zu setzen.

Nach dem Rückzug der Ägypter 1840 gelang es den Osmanen zunächst nur mühsam, ihre Staatsautorität den syrischen und palästinensischen Provinzen wieder aufzuzwingen. Inzwischen begannen sich jedoch mit dem Anfang der sog. *Tanzīmāt*-Epoche die ersten innenpolitischen Reformen im Osmanischen Reich durchzusetzen. Sie bewirkten eine – in Anlehnung an europäische Vorbilder vollzogene – Reorganisierung der staatlichen Verwaltung mit dem Ziel einer direkten Kontrolle der Provinzen durch die Zentralmacht. Diesem Programm mußte zwangsläufig auch die relative Unabhängigkeit der Beduinen nach und nach zum Opfer fallen.

Abb. 8 Um die Beduinen zu unterwerfen, wandten die osmanischen Behörden verschiedene militärische und politische Methoden an, die aber nur zum Teil und erst seit den 70er Jahren des 19. Jahrhunderts Erfolg hatten.

Versuche der gewaltsamen Seßhaftmachung wie der des Sancak-Begs (Provinzver-

walter) von *al-Quds, Rašīd Pāšā,* gegenüber den *Tiyāhā* südlich von *Ġazza,* mißlangen und blieben vereinzelt.
Dagegen gelang es der osmanischen Administration während des letzten Viertels des 19. Jahrhunderts, den Stämmen sukzessive einen allgemeinen Frieden aufzuzwingen. Seit dem Ende des Jahrhunderts ereigneten sich keine größeren Kämpfe mehr zwischen den Stämmen und Konföderationen, obwohl kleinere Raubzüge bis in die britische Mandatszeit hinein üblich waren.
Die Stämme wurden einer direkten Besteuerung unterworfen, und die von der Stammesversammlung gewählten *Šuyūḫ* mußten in ihrem Amt von der Verwaltung bestätigt werden.
Als eine Art der ideologischen Einflußnahme kann man die Versuche der Türken sehen, die im allgemeinen in religiösen Dingen recht laxen Beduinen, die die Ausübung der religiösen Pflichten als Kennzeichen der »Fallāḥīn« ansahen, zu treuen Muslimen zu machen: den *Šuyuḫ* wurde befohlen, sich einen Vorbeter zu halten, damit das gesamte Lager die vorgeschriebenen Gebete richtig und pünktlich verrichten könne.
Hand in Hand damit ging die Ausweitung der militärischen Kontrolle über die Beduinen: Als wichtigster Stützpunkt für die Stämme im nördlichen Negev wurden 1900 die Brunnen von *Bi'r as-Sabʿ* besetzt, und dort ein Verwaltungszentrum mit Sitz eines *Qā'immaqām* (Gouverneur), errichtet. Die neue Siedlung wuchs relativ rasch durch den Hinzuzug arabischer Städter vor allem aus *al-Ḫalīl* und *Ġazza.*
Der osmanischen Verwaltung gelang es allerdings nicht, ihre Staatsautorität vollständig durchzusetzen. Der um die Jahrhundertwende den Negev bereisende Musil mußte sich praktisch überall dem traditionellen beduinischen *rafīq*-System unterwerfen, d. h. in jedem einzelnen Stammesgebiet einheimische Schutzbegleiter nehmen und einen Durchgangszoll zahlen. Er stieß auch oft auf das Mißtrauen und die
Abb. 9 türkenfeindliche Stimmung unter den Beduinen, die ihn z. T. verdächtigten, das Land im Dienste der osmanischen Regierung auszuspionieren.

Unter dem britischen Mandat

Die bereits in den letzten Jahrzehnten der osmanischen Herrschaft vorgezeichnete Entwicklung, die Beduinen in das Gefüge eines modernen Zentralstaates einzugliedern, setzte sich unter der britischen Mandatsverwaltung verstärkt fort.

◁ Abb. 9
Beduinen-*Šayḫ* und türkischer Militärbeamter.
Palästina, Anfang 20. Jh.

Die Austragung zwischen- oder innerstammlicher Konflikte mit Gewalt sowie das Unternehmen von Raubzügen wurden konsequent unterdrückt. Dabei stützte sich die Mandatsmacht einerseits auf die Macht der von ihr politisch abhängigen und bezahlten *Šuyūḫ*, und andererseits auf eine neu geschaffene Kamelreiter-Truppe, deren Mitglieder aus den einflußreichen Beduinensippen rekrutiert wurden und die im Negev polizeiliche Funktionen im Auftrag der Engländer ausübte. Diese Kameltruppe besaß 9 feste Stützpunkte im Negev.

Ein weiteres wichtiges Mittel zur Beherrschung der Stämme wurde die Einrichtung von besonderen Stammesgerichtshöfen, deren Rechtssprechung zu einem großen Teil auf dem überlieferten Gewohnheitsrecht der Beduinen *(ʿurf)* basierte, deren Urteile aber im Gegensatz zu denjenigen früherer Beduinenrichter zwingend waren. Die Richter, die von den *Šuyūḫ* verschiedener Stämme kamen, mußten von der Mandatsmacht bestätigt werden.

Zu der politischen Bevormundung kam, vor allem in den ersten Jahren des Mandats, noch die wirtschaftliche Verelendung der Beduinen. Sie war begründet durch den Wegfall oder die Einschränkung einiger wichtiger Einnahmequellen wie der Kamelzucht bzw. des Kamelhandels sowie des nunmehr zum Regierungsmonopol erklärten Salzhandels und Tabakanbaus. Auch der Ertrag aus dem weitverbreiteten Anbau von Getreide, vor allem Gerste, erlitt durch Mißernten und die Konkurrenz importierten Getreides empfindliche Einbußen.

Da die Stammesgrenzen von den Beduinen nicht mehr ›gehütet‹ wurden, gelang es
Abb. 10 unter dem Mandat sowohl einigen reichen Familien aus *Ġazza*, die schon in osmanischer Zeit kommerzielle Beziehungen zu den Beduinen besaßen, als auch landlosen »Fallāḥīn« aus dem Küstenstreifen um *Ġazza*, Ackerland von den Beduinen – z. T. zu Spottpreisen – zu kaufen. Viele »Fallāḥīn« ließen sich auch auf Dauer in den *dīrāt* (Wohnsitze) der Beduinen nieder. Diese Entwicklung war vor allem für die Ebene westlich von *Bi'r as-Sabʿ* charakteristisch, wozu der zeitweilige Gouverneur dieser Stadt, ʿĀrif al-ʿĀrif, bemerkte:

> »Ein Schrecken mag einen überkommen, wenn man bedenkt, daß der größte Teil der Felder zwischen Beerseba und Gaza an Fellachen und Herrschaften der benachbarten städtischen Bevölkerung verkauft worden ist.« (ʿAref, Beerseba, 173)

Eine Statistik der Stammeskonföderationen, die die Lage gegen Ende der Mandatszeit (40er Jahre) widerspiegelt, soll diesen Abschnitt beschließen:

◁ Abb. 10
Beduinen auf dem Markt von *Bi'r as-Sabʿ*.
Palästina, 1. Hälfte des 20. Jh.
Photo: American Colony, Jerusalem.

Konföderation	Anzahl der Stämme	Anzahl der Personen	dīra (Wohnsitz)
Tarābīn	25	21 000	Ebenen westl. und südwestl. von *Bi'r as-Sab'*
Tiyāhā	28	18 000	Ebenen um und nördlich von *Bi'r as-Sab'*
'Azāzma	12	12 000	Bergland des zentralen Negev
Ḥanāğra	4	7 000	um *Ġazza*
Ğubārāt	14	5 000	nordöstl. von *Ġazza*
Sa'īdiyīn	6	1 000	südl. vom Toten Meer beiderseits der *'Araba*
Ğahālīn	3	750	Bergland südl. von *al-Ḫalīl*
(Ẓullām)	nicht extra aufgeführt		

Tab. 1 (nach einer Tabelle bei E. Marx, Bedouin of the Negev, Manchester 1967, 11). Die Angaben der Personenanzahl beruhen z. T. auf Schätzungen.

Seit dem Bestehen Israels

Die zionistische Einwanderung nach Palästina hatte den Negev zunächst kaum berührt. In den 30er Jahren wurden die ersten jüdischen Landkäufe getätigt, die sich jedoch nicht auf größere Landstriche erstreckten. Zwischen 1933 und 1938 wurden ca. 100 000 *dūnūm* (= ca. 3900 qkm) Boden erworben. Manche *Šuyūḫ* verkauften Teile ihres Landes – z. B. verkaufte *'Alī al-'Aṭāwna (Tiyāhā)* 1000 *dūnūm* Boden –, während andere es als Unrecht ansahen, »den von den Vätern ererbten Landbesitz an Juden weiterzugeben.« ('Āref, Beerseba, 16)
1943 wurden die ersten drei jüdischen Siedlungen im Negev gegründet: Gevulot, Bet Ešel und Revivim. 1946 wurden elf weitere Kibbuzim gegründet. Diese Siedlungen beschränkten sich meist auf das Gebiet des nordwestlichen Negev. Erst nach dem für Israel siegreichen Ende des ersten Nahostkrieges (1948) begann die jüdische Besiedelung des Negev in verstärktem Ausmaß. 1953 gab es bereits 62 jüdisch besiedelte Orte.
Die alten Stammeskonföderationen wurden durch die Ereignisse während und nach dem Krieg fast gänzlich zersprengt. Von den Beduinen Südpalästinas, die z. T. aktiv an den Kämpfen gegen die jüdischen Siedler und die neugeschaffene israelische Armee teilgenommen hatten, zu einem großen Teil allerdings neutral geblieben waren, flohen nach dem israelischen Sieg nahezu fünf Sechstel über die Waffenstill-

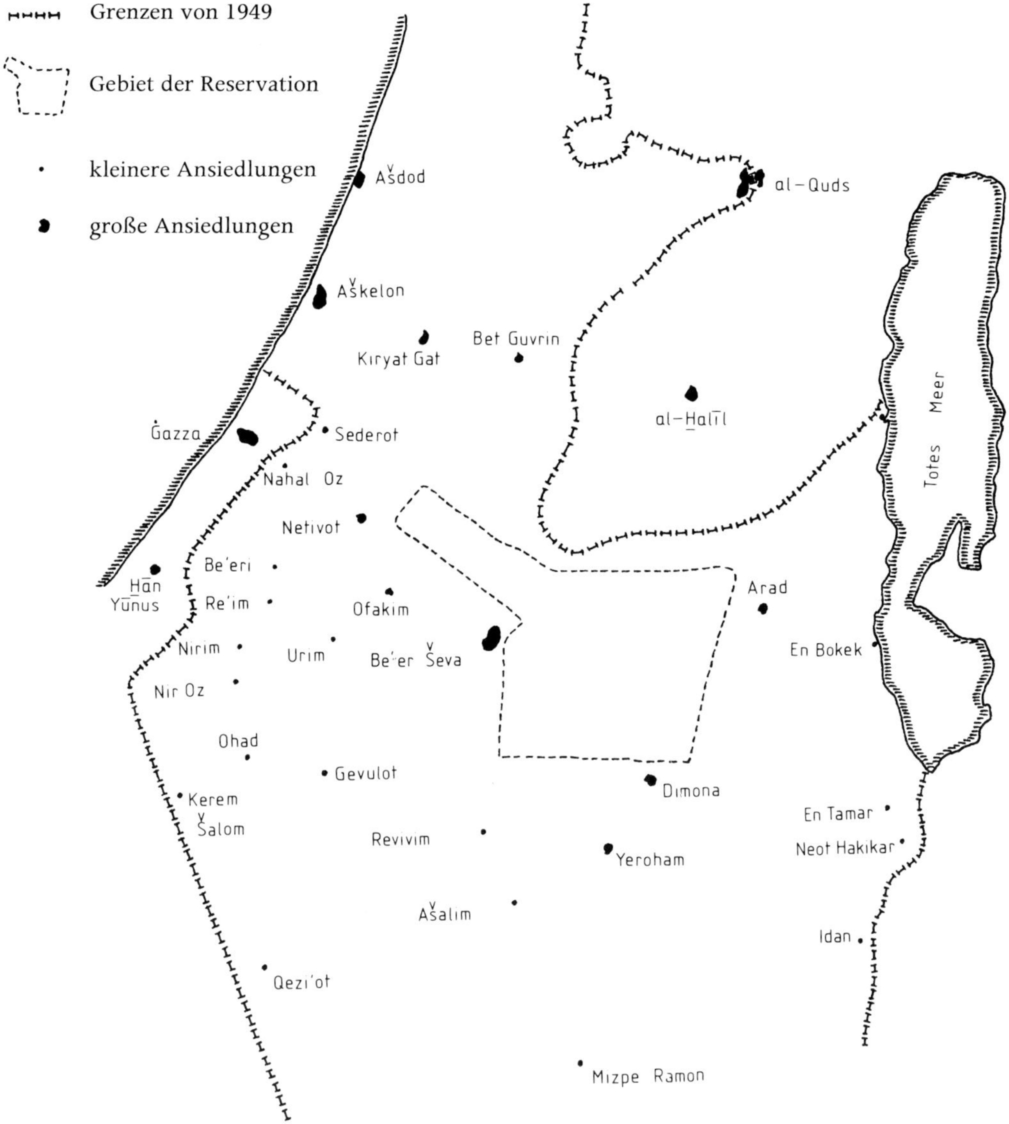

Abb. 11
Ungefähre Grenzen des den im Negev verbliebenen Beduinen nach der Konsolidierung des Staates Israel zugewiesenen Gebietes (Reservation) und Lage einiger neugegründeter israelischer Ansiedlungen.
Grenzen der Reservation nach Marx (1967).
Karte: F. Korsching

standslinien von 1949 in die benachbarten arabischen Länder Ägypten, Jordanien und in den sog. Gazastreifen. So flüchteten z. B. *Ǧubārāt* und *Hanāǧra* geschlossen in den Gazastreifen. Die *ʿAzāzma* und die *Tarābīn* flohen überwiegend in den Sinai.

Die im Negev verbliebenen Beduinen wurden von der israelischen Militärverwaltung ›umgruppiert‹ oder auch exiliert. 1953 zählte man noch ca. 11 000 Beduinen gegenüber ca. 65 000 der Vorkriegszeit. Von diesen 11 000 gehörten über 90% der Konföderation der *Tiyāhā* an.

Die Stämme wurden – wie auch die meisten anderen in Israel verbliebenen Araber – einer speziellen Militärverwaltung unterworfen und auf ein genau umgrenztes Gebiet im Nordosten des Negev beschränkt. Diese Reservation umfaßte vor allem das Hügelland östlich von *Biʾr as-Sabʿ*, jetzt *Beʾer Ševa*, dessen arabische Bewohner zur Gänze geflüchtet waren, und stellte flächenmäßig nur ca. 10% des vorher den Beduinen gehörenden Bodens dar.

Die Stadt *Beʾer Ševa*, nach der Flucht ihrer arabischen Bewohner ausschließlich von *Abb. 11*
jüdischen Neueinwanderern bevölkert, lag außerhalb der Reservation. Sie war den Beduinen künftig nur an zwei Tagen in der Woche zugänglich; während dieser Zeit konnten sie ihre Geschäfte dort abwickeln, d. h. vor allen Dingen einen Markt abhalten.

Die Beduinen, die die Reservation zeitweilig verlassen wollten, mußten zuerst eine Erlaubnis dafür von der Militärverwaltung beantragen. Effektiv kontrollieren konnten die israelischen Militärbehörden diese Vorschrift allerdings nur an den geländemäßig leichter zu überwachenden Grenzen der Reservation; die im hügeligen Gelände verlaufende nordöstliche Grenze konnte von den Beduinen relativ leicht unbemerkt überschritten werden. So war es den Beduinen noch jahrelang möglich, Beziehungen zu den ins damalige Westjordanien geflüchteten Stammesgenossen aufrecht zu erhalten sowie einen gewinnbringenden Schmuggelverkehr zu betreiben.

Ansonsten bemühte sich die israelische Administration, die von der britischen Mandatsmacht praktizierte »indirekte Verwaltung« auf die Beduinen anzuwenden. Die zu einem großen Teil zerstörten Stammesstrukturen wurden wieder hergestellt; den Hauptakzent legte die Militärverwaltung darauf, daß jeder Stamm seinen von ihr bestätigten *Šayẖ* besaß, durch den sie regieren konnte. Im allgemeinen war sie bestrebt, die politische und wirtschaftliche Position der *Šuyūẖ* zu stärken, um die Stämme mehr unter Kontrolle zu bekommen.

Mit die größten Umwälzungen ergaben sich für die Beduinen auf wirtschaftlichem Gebiet. Die weitgehende Beschränkung auf das Gebiet der Reservation und die sich von Jahr zu Jahr verstärkende jüdische Besiedelung in den Gebieten um die Reservation führten zu einer Umgestaltung der jährlichen Weidezyklen. Insgesamt gesehen ging die Bedeutung der Viehzucht gegenüber der des Ackerbaus zurück, eine Entwicklung, die von der israelischen Verwaltung bewußt gefördert wurde, wie

Abb. 12
Beduine pflügt mit einem Kamel.
Photo: S. Gidal

Abb. 14
Getreide erntende Beduinen.
Photo: S. Gidal

Abb. 19
Kleinviehherde. Man erkennt die schwarzhaarigen Ziegen und die hellfarbenen Schafe.
Photo: S. Gidal

Abb. 20
Schafherde auf der Weide. Der beduinische Hirte trägt nicht mehr seine traditionelle Tracht, sondern moderne Kleidung.
Photo: S. Gidal

Abb. 21
Beduinenfrau hängt Butterschlauch (braun) und Beutel mit entbutterter Sauermilch (weiß) auf; die Sauermilch wird durch Ablaufen der Molke zu Quark, der dann herausgenommen, zu Bällen geformt und in der Sonne zu Ende getrocknet wird (Trockenquark). ▷
Photo: S. Gidal

Abb.30
Errichten eines Zeltes. Die gemeinsame Arbeit von Männern und Frauen dabei ist ein Zeichen der neueren Zeit; früher war der Zeltaufbau allein Sache der Frauen.
Photo: S. Gidal

Abb. 36
Kaffeeservice eines *Šayḫ* (Kanne, Zuckerdose, Tablett und Tassen). Besteht aus schwerem Messingblech, das mit Silber und Kupfer tauschiert ist. Wahrscheinlich in Damaskus hergestellt. Derartige Kaffeeservices waren im allgemeinen in beduinischen Haushalten nicht gebräuchlich. Städtischer (türkischer) Einfluß.
H (d. Kanne) = 16 cm H (d. Tassenuntersatzes) = 4,5 cm
∅ (d. Tabletts) = 25,4 cm H (d. Dose) = 6,3 cm
Negev (*ʿAṭāwna)*.

u. a. aus einem Zitat des zeitweisen israelischen Botschafters in London, E. Elath, hervorgeht:

> »Our policy as regards the Negev Bedouin is to encourage and assist them to the full in turning from a nomadic or semi-nomadic life to permanent settlement on the land. In time, we hope, they will come to live by agriculture run on modern lines, like their neighbours in the Jewish settlements.« (Elath, JRCAS 1958, 133)

Diese Seßhaftwerdung nahm im Verlauf der 60er und vor allem der 70er Jahre ständig zu. Immer mehr Beduinen verkauften ihre Herden und errichteten sich in der Nähe ihres Ackerlandes oder in der Nähe von Wasserplätzen billige, aus Latten, Wellblech u. ä. Material zusammengesetzte Hütten.

Einen steigenden Anteil am Einkommen der Beduinen nahm die Lohnarbeit außerhalb der Reservation ein. Die israelischen Zitrus- und Baumwollplantagen beschäftigten Ende der 50er Jahre bei den Ernten 10 bis 15% der männlichen erwachsenen Beduinen. Ben Arieh und Amiran (1963) gingen für die frühen 60er Jahre bereits von der Lohnarbeit als der primären Beschäftigung der Beduinen aus, der gegenüber Ackerbau und Viehzucht von sekundärer Bedeutung waren. Sie deuteten auch schon damals die heute verstärkt in der israelischen Öffentlichkeit geäußerte Meinung an, daß die Beduinen ein willkommenes Reservoir an Arbeitskräften für die im Negev neu entstehenden Industriezentren wie z. B. Arad darstellten.

Die jüngsten, sich noch im Fluß befindlichen Entwicklungen, die die wirtschaftliche und kulturelle Lage der Beduinen betreffen, können hier nur angeschnitten werden. Im Zusammenhang mit dem Abkommen von Camp David 1978, das den Israelis die Räumung der Halbinsel Sinai auferlegte, sehen sich die Beduinen des Negev mit einer für sie bedrohlichen Änderung ihrer Situation konfrontiert: die israelische Armee möchte einen Großteil ihrer aus dem Sinai abgezogenen Basen im Gebiet des nördlichen Negev neu errichten. Zu diesem Zweck soll bis zu 130 qkm Beduinenland vom Staat enteignet werden und den betroffenen Beduinen dafür eine – äußerst minimale – Entschädigung gezahlt werden. Die Beduinen sollen dann in 6 geplanten Dörfern geballt angesiedelt werden.

Diesen Absichten der israelischen Administration setzten die Beduinen einen bis jetzt nicht sehr erfolgreichen Widerstand entgegen. Ein »Komitee für die Rechte der Beduinen« wurde gegründet.

◁ Abb. 38
Beduinenfrau bäckt Brotfladen auf dem Backblech.
Photo: S. Gidal

Wirtschaftsleben

Ackerbau der Beduinen im Negev

Bei den Beduinenstämmen in Südpalästina spielte der in eigener Regie betriebene Ackerbau – soweit wir die Lage zurückverfolgen können – im Gegensatz zu populären Meinungen über die Beduinen, schon immer eine nicht unwesentliche Rolle im Wirtschaftsleben.
Schon aus der Zeit des frühen 19. Jahrhunderts berichteten Seetzen (1807) und Robinson (1838) von dem extensiven Ackerbau der Beduinen. ʿĀrif beschreibt für die zweite Hälfte dieses Jahrhunderts in seiner beduinischen Chronologie Mißernten der Nomaden, die z. T. katastrophale Folgen für sie hatten. Der um die Wende vom 19. zum 20. Jahrhundert durch die Arabia Petraea reisende Musil und die am Vorabend des ersten Weltkriegs den nördlichen und zentralen Negev auskundschaftenden Lawrence und Woolley erwähnten mehrfach beackerte Landstriche, Getreidespeicher, u. ä.
Der wirtschaftlichen Bedeutung des Ackerbaus entsprach jedoch keineswegs seine Wertschätzung. Die eigenhändige Arbeit mit dem Pflug galt dem Beduinen als entwürdigend, als etwas, das ihn auf das Niveau der seßhaften, unterdrückten »Fallāḥīn« herunterzog. Daher beschäftigten alle Beduinen, die es sich finanziell leisten konnten, »Fallāḥīn« oder auch verarmte Stammesgenossen als landwirtschaftliche Arbeiter (*ḥarrāṯīn*); nur die ärmeren Beduinen – die aber vermutlich keinen allzu geringen Prozentsatz innerhalb der Stämme ausmachten – waren gezwungen, ihre Felder selber zu bestellen.
Die Pachtbedingungen waren je nach den Umständen verschieden. Wenn der Eigentümer des Ackerlandes den Pflug, das Pflugtier, das Saatgut und das zu beackernde Land lieferte, bekam der seine Arbeitskraft einbringende *ḥarrāṯ* ¼ der Ernte sowie freie Kost. Wenn der *ḥarrāṯ* Pflug und Pflugtier lieferte, wurde der Ernteertrag halbiert.
Ackerbau betrieben praktisch alle Stämme des Negev. In der Ebene um und nördlich von *Bi'r as-Sabʿ* sowie in den nordöstlichen Hügeln erreichte die Ausdehnung des bebauten Landes beachtliche Ausmaße, während im zentralen Bergland des Negev nur die Wādī-Ränder und Bodensenken kultiviert werden konnten.
Die Ebene zwischen *Ġazza* und dem *Wādī as-Sabʿ* beschrieb Thomson in der zweiten Hälfte des 19. Jahrhunderts als dicht mit Weizen angebaut und von in Zelten

Abb. 13
Holzpflug, ohne Geschirr. Die einzelnen Holzteile werden durch starke Eisenbänder zusammengehalten. Vom Typus her ähnelt dieser Pflug dem für Nordpalästina beschriebenen sog. Fellachenpflug.
L = 117 cm L (d. Krümels) = 74 cm
Negev (*ʿAzāzma*).

wohnenden Arabern besiedelt, die faktisch seßhaft waren. Sie lebten vom Ackerbau und hielten daneben Herden von Kleinvieh und Kamelen. Ein ähnliches Bild entwarf Musil um 1900 von den nördlich des *Sayl aš-Šallāla, aṣ-Ṣini* und *Bi'r as-Sabʿ* lebenden Beduinen:

> »So wohnen sie wohl in Zelten, widmen sich aber ausschließlich dem Ackerbau, halten, da es an Weideplätzen mangelt, nur die zur Arbeit nötigsten Tiere und verlassen fast nie ihren Besitz.« (Musil, AP II, 217)

Die südlich der genannten Linie wohnenden Beduinen waren kombinierte Viehzüchter und Ackerbauer. Der einzige Stamm, der laut Oppenheim noch zu Beginn der britischen Mandatszeit »rein nomadisch«, d. h. ohne eigenen Ackerbau, lebte, waren die im südlichen Negev und der *ʿAraba* nomadisierenden *Saʿīdīyīn*.

Angebaut wurde in erster Linie Gerste, in geringerem Ausmaß auch Weizen. Dabei war der Anbau von Gerste, die ohne Bewässerung mit einem jährlichen Niederschlagsminimum von ca. 200 mm auskommt, vor allem für den zentralen und östlichen Negev charakteristisch. Ferner kultivierte man etwas Tabak.

Die Beduinen betrieben einen extensiven Ackerbau, indem sie ein abgeerntetes Feld *Abb. 12* erst ein oder mehrere Jahre lang brach liegen ließen, bevor sie es erneut bebauten. *(s. S. 33)* Durch diese Praxis bedingt, war die insgesamt angebaute Fläche viel umfangreicher als das tatsächlich pro Jahr kultivierte Areal. Da die Beduinen ihre Felder kaum bewässerten, waren sie gänzlich auf den Winter- und Frühjahrsregen angewiesen.

Das Pflügen fand im allgemeinen nach dem ersten ausreichenden Regen im Herbst (*wasm aṯ-ṯurāyyā;* wörtlich: Pleiadenregen) statt. Anschließend wurde gesät, wobei die Saat entweder durch erneutes Pflügen oder durch andere Methoden mit Erde bedeckt wurde. Der Pflug wurde meist von einem Kamel, seltener von einem Esel gezogen. Man verwendete hölzerne Pflüge, deren einzelne Teile ursprünglich durch Stricke und Holzstifte, später durch Metallbänder, zusammengehalten wurden und die keine eiserne Schar besaßen. Der Pflug drang nicht sehr tief in den Boden ein, sondern ritzte ihn gewissermaßen nur oberflächlich an. Diese Art des Pflügens war *Abb. 13* wegen der in allen steppen- und wüstenhaften Gegenden sehr starken Bodenerosion auf die Dauer vorteilhaft.

Für das Reifen des Getreides waren die Regenfälle des Frühjahrs ausschlaggebend: fielen sie aus, so gab es eine Mißernte. Das Getreide reifte im Durchschnitt nur alle drei oder vier Jahre zur vollen Ernte heran, d. h. die Mißernten waren häufiger als die guten. Nach Canaan mußten die *ʿAzāzma* oft zum zweiten Mal aussäen, da die erste Saat verdorrt war.

Die Ernte begann normalerweise Ende April–Anfang Mai.

Das Getreide wurde mit der Sichel geschnitten oder auch einfach mit der Hand *Abb. 14* ausgerauft, dann gedroschen, geworfelt, gesiebt und schließlich in die – neben *(s. S. 34)* einigen wenigen Speichern *(maḫzan)* – überwiegend verwendeten unterirdischen Vorratsgruben *(manṭara)* eingelagert. Eine derartige Grube wurde zylinderförmig in den harten Boden gegraben und mit Stroh ausgelegt. Das eingelagerte Getreide wurde mit einer Schicht Stroh und dann mit Erde bedeckt, so daß es gegen Regenfälle geschützt war. Die Verwendung der *manṭara* war nicht allein für die Beduinen charakteristisch; auch die »Fallāḥīn« Palästinas pflegten ihre Ernte auf diese Weise aufzubewahren.

Die Einbettung des Ackerbaus in den jährlichen, durch die Viehzucht bestimmten Wanderzyklus gestaltete sich so, daß die Beduinen nur zur Zeit des Pflügens und der

Ernte bei ihren Feldern anwesend waren. Während der restlichen Jahreszeit blieben die Felder verlassen. ʿĀrif berichtete aus der Mandatszeit, daß jeder Stamm einen Wächter, *naṭūr,* bei seiner *manṭara* zurückließ, der für seinen Dienst vom gesamten Stamm bezahlt wurde.
Aus neuerer Zeit liegen genauere Schilderungen des jährlichen Wanderzyklus vor, die den bereits gewandelten Zustand unter der israelischen Herrschaft widerspiegeln. So hatten z. B. die *Bdūr,* eine Untergruppe der *Ẓullām,* ein permanentes Zeltlager bei ihrem Ackerland, das das ganze Jahr über von den älteren Männern und Frauen bewohnt wurde. (Früher wäre ein solches Lager gegenüber Raubzügen oder kriegerischen Vorstößen zu exponiert gewesen.) Die jüngeren Männer verließen nach dem zu Beginn der Regenzeit ausgeführten Pflügen dieses Lager und wanderten mit ihren Familien zu den im östlichen Bergland gelegenen Frühlingsweiden. Zur Erntezeit fanden sie sich wieder bei ihrem Ackerland ein. Anschließend zogen einzelne Hirten – vor der Begrenzung der Beduinen auf die Reservation die gesamten Familien – mit den Herden weiter nach Westen und Norden.
Die Bedeutung des Ackerbaus für die Beduinen des Negev nahm im Verlauf unseres Jahrhunderts merkbar zu. Nach und nach bezogen immer mehr Beduinen den Hauptteil ihres Einkommens aus dem Anbau. Schon 1931 lebten nach dem statistischen Jahresbericht für Palästina 89,3% der Beduinen vom Ackerbau, während nur 10,7% ausschließlich von der Viehzucht lebten.
In den 50er Jahren begannen die Beduinen, ihren Ackerbau zu mechanisieren und zu intensivieren. Das außerhalb der Reservation durch Lohnarbeit verdiente Geld wurde u. a. zum Kauf von Traktoren verwendet, mit denen sie nun pro Jahr eine erheblich größere Fläche beackerten als früher mit den von Tieren gezogenen Holzpflügen.

Viehzucht der Beduinen im Negev

Die Viehzucht spielte bei den Beduinen des südlichen Palästina je nach Stamm eine verschieden große Rolle. Die im nordwestlichen Negev wohnenden Beduinen lebten, wie bereits beschrieben, in erster Linie vom Ackerbau. Dagegen beschäftigten sich die im zentralen und östlichen Negev hausenden Beduinen mehr mit der Viehzucht als mit dem Anbau.
Gezüchtet wurden hauptsächlich Kleinvieh, d. h. Schafe und Ziegen, und einige Kamele. Esel wurden nur in geringer Anzahl gehalten.

Kamelzucht
Die Kamelzucht wurde nach Efrat vor allem von den im Süden und Osten des Negev wandernden Gruppen wie den *ʿAzāzma*, den *Saʿīdiyīn* und Teilen der *Tarābīn* betrieben, während die in den fruchtbareren nordwestlichen Ebenen lebenden Stammesgruppen Kamele mehrheitlich nur – wie die »Fallāḥīn« – als Arbeitstiere hielten.
Bei den mehr nomadisch lebenden Beduinen wurde das Kamel vielfältig genutzt: Kamelmilch stellte – da sie im Gegensatz zu der des Kleinviehs das ganze Jahr über vorhanden war – ein Hauptnahrungsmittel für die Beduinen dar. Während der saftigen Frühlingsweiden *(rabīʿ)* konnte der täglich abzumelkende Ertrag einer

Abb. 15
Kamelberittener Beduine mit *radīf* (der hinter dem Sattel sitzende zweite Reiter) vor einem überdachten Brunnen.
Palästina, Mitte des 19. Jh.
Nach Ebers-Guthe (1884)

Kamelstute bis zu 6 oder 7 Liter betragen; im Verlauf der trockenen Jahreszeit schrumpfte er auf einen Liter oder weniger zusammen bzw. versiegte unter besonders ungünstigen Umständen ganz. Die Milch wurde zum größten Teil gleich frisch getrunken, der Rest in Schläuche gefüllt und gesäuert.
Das Kamel war weiterhin das wichtigste Reittier der Nomaden, da die Haltung von Pferden in größerem Umfang nur in den nördlichen, klimatisch begünstigteren

Abb. 16
Kamelreitsattel *(šadād)*. Der eigentliche Sattel besteht aus zwei, miteinander durch gekreuzte Hölzer verbundenen Sattelbögen. Über dem Sattel liegt eine Schaffelldecke.
H = 59 cm L = 47 cm Br = 54 cm
Negev *(ʿAzāzma)*.

Abb. 15 Regionen des Negev verbreitet und nur für wohlhabende Stammesangehörige finanziell erschwinglich war.

Abb. 16 Geritten wurden meist weibliche Tiere. Das Reitkamel *(ḏalūl)* ermöglichte nicht nur längere Reisen, sondern vor allem auch das Unternehmen von ausgedehnten Raubzügen, da es bei günstigem Terrain bis zu 80 oder 100 Kilometer pro Tag zurückzulegen vermochte.

Abb. 17
Kamel transportiert Hausrat. Man erkennt deutlich die zusammengerollten Zeltbahnen, die seitlich rechts und links vom Kamelrücken herunterhängen.
Photo: S. Gidal

In der eigenen Wirtschaft wurden Kamele außerdem noch als Lasttiere (Transport *Abb. 17*
der Zelte und des Hausrats bei den periodischen Wanderungen) und Arbeitstiere
(Ziehen des Pfluges) verwendet; ferner nutzte man das Kamelhaar (Weben bzw. *Abb. 18*
Flechten von Decken, Satteltaschen, Gürteln, Stricken, etc.), seine Haut (Anfertigung von großen Wasserschläuchen, Tränkgestellen und Sandalen), und – nicht zuletzt – seinen Kot (Feuerung) und Urin (Haarwaschmittel und Antiseptikum).
Eine nicht unbedeutende Anzahl von Kamelen wurde von den Beduinen auch als Arbeitstiere nach dem übrigen Palästina sowie als Schlachtvieh hauptsächlich nach Ägypten verhandelt. Dieser Kamelhandel erhielt durch die nach dem ersten Welt-

Abb. 18
Kamele mit Lastsätteln. Die Lasten (hier nur ein Kanister) werden seitlich am Sattel befestigt.
Photo: S. Gidal

krieg auch Palästina zunehmend beeinflussende industrielle Wirtschaft einen schweren Schlag. Als erstes verlor das Kamel seine Transportfunktion außerhalb der nomadischen Wirtschaft fast total: Lastkraftwagen und Eisenbahnen ersetzten sehr schnell die Karawanen. Der Markt für die von den Beduinen gezüchteten Kamele schwand dahin. Damit verbunden sanken die Preise für Kamele in den 20er Jahren rapide.

Seine Bedeutung innerhalb der nomadischen Wirtschaft behielt das Kamel jedoch bis in die Zeit nach dem zweiten Weltkrieg. Danach wirkte sich der Einfluß der industriellen Gesellschaft des neugegründeten Staates Israel und die spezielle Situation des Reservationslebens in steigendem Maße negativ auf die Kamelzucht aus: das prozentuale Verhältnis von Kleinvieh zu Kamelen bei den Beduinen sank von ca. 5:1 in den 40er Jahren auf 25:1 in den 60er Jahren! Die übriggebliebenen Kamele wurden praktisch ausschließlich zum gelegentlichen Reiten benutzt; alle anderen früher wichtigen Funktionen hatten sie eingebüßt.

Kleinviehzucht

Rein zahlenmäßig schon stets bedeutender als die Kamelzucht war im Negev die Zucht von Fettschwanzschafen und Ziegen. Das größtenteils bergige – im Süden geradezu zerklüftete – Gelände war der Haltung von Kleinvieh, vor allem von Ziegen, günstiger als der Kamelzucht. Über das prozentuale Verhältnis der Ziegen zu den Schafen bei den Beduinen finden sich ziemlich widersprüchliche Angaben; man kann jedoch annehmen, daß im südlichen und zentralen Negev – infolge des sehr trockenen Klimas und der mangelhaften Vegetation – mehr Ziegen gezüchtet wurden. Sicher übertrieben ist die Behauptung von Musil, die Beduinen hielten fast nur Ziegen und die »Fallāḥīn« fast nur Schafe. Dieses traditionelle Verhältnis von Ziegen zu Schafen hat sich seit den letzten Jahrzehnten völlig umgekehrt: die Zucht von Ziegen, denen man staatlicherseits die Hauptschuld am Rückgang der Vegetation von Steppe und Wüste zuschrieb, wurde unter staatlichem Druck immer mehr aufgegeben. Heutzutage ist die Haltung von Schafen vorherrschend.

Abb. 19 *(s. S. 35)*

Die Größe der den einzelnen Familien gehörenden Kleinviehherden ist zahlenmäßig erst in der jüngeren Vergangenheit bekannt: Ende der 50er Jahre betrug der durchschnittliche Besitz an Kleinvieh pro Familie im *Abū Ǧuwayʿid*-Stamm *(Ẓullām)* nur noch 9 Stück. Diese Anzahl ist extrem niedrig und durch die weitgehende Dezimierung der Herden durch eine dreijährige Dürreperiode bedingt; nach den Aussagen der Beduinen besaßen sie vor diesem Zeitraum etwa doppelt so viele Tiere, d. h. ca. 18 Stück pro Mann. Auch dieser Besitzstand ist – vergleicht man ihn mit dem anderer Kleinviehnomaden (Durchschnittl. Besitz ca. 50 Stück) – nicht sonderlich hoch und läßt sich nur durch die zu dieser Zeit schon überwiegende Bedeutung des Ackerbaus erklären. Einzelne wohlhabende Beduinen, vor allem aus den *Šayḫ*-Familien, besaßen natürlich erheblich größere Herden von bis zu 150 oder 250 Stück Vieh.

Abb. 20 *(s. S. 36)*

Ziegen und Schafe wurden vielfältig genutzt: sie lieferten Milch, Fleisch, Wolle und Häute.

Die Laktationsperiode des Kleinviehs dauert nur ca. 3 bis 4 Monate pro Jahr und fällt in die Zeit des Spätwinters und Frühlings. Während dieser Zeit wurde jeden Tag im Durchschnitt ungefähr 1 Liter je Tier abgemolken, wobei die Menge und Güte der Milch u. a. von der Saftigkeit der Weidepflanzen abhängig ist.

Von der Milch wurde nur ein ganz geringer Teil frisch getrunken; praktisch die gesamte Menge wurde weiterverarbeitet. Folgende schematische Darstellung soll den Prozeß der Milchverarbeitung anschaulich machen:

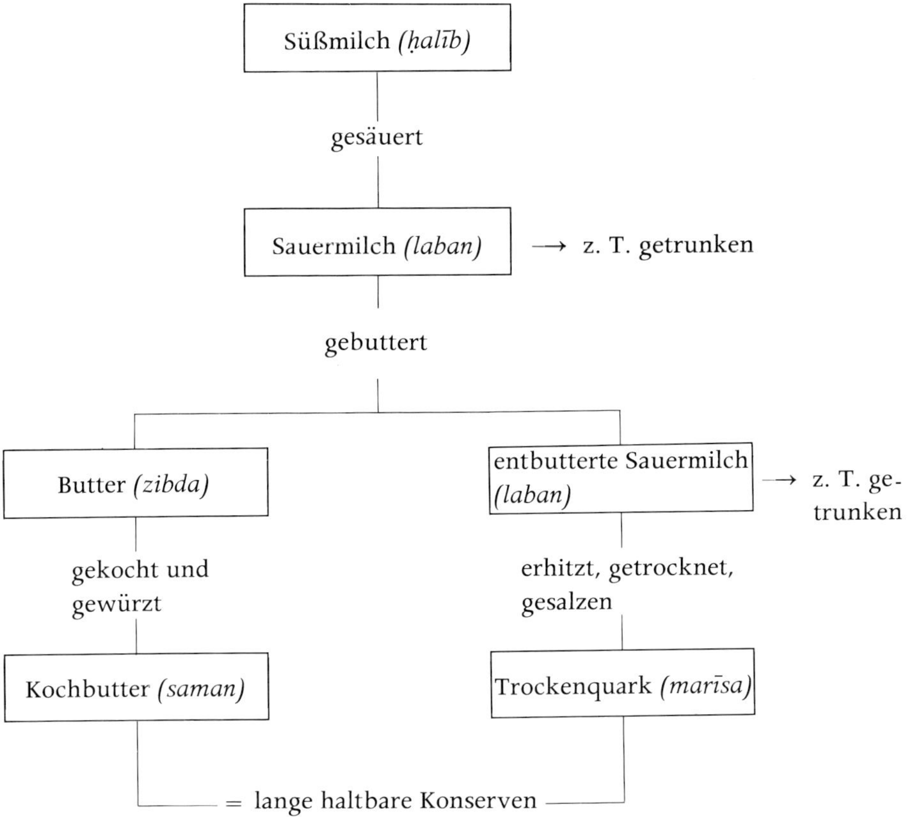

Der Hauptzweck der Verarbeitung der Schaf- und Ziegenmilch war die Herstellung von dauerhaften Konserven, die in der Jahreszeit, wo der Milchfluß des Kleinviehs versiegte, zum Essen und Trinken verwendet wurden.

Abb. 21 (s. S. 37)

Der Trockenquark diente – in etwas Wasser aufgelöst – als erfrischendes Getränk im Sommer sowie als Kochflüssigkeit für verschiedene Fleisch- und Reisgerichte. Die Kochbutter wurde als Soße zu fast allen Speisen (z. B. auch zu Datteln) genossen.

Das Fleisch von Schafen und Ziegen wurde – wie Fleisch allgemein – nur sehr selten gegessen. Geschlachtet wurde ausschließlich an Festtagen (Hochzeit, Beschneidung, u. ä.) oder beim Kommen von Gästen. Man schlachtete in erster Linie männliche Tiere, bevorzugt Jungtiere, da sie für die Milchgewinnung nicht in Frage kamen,

Abb. 22
Beduine häutet geschlachtetes Schaf. Typisches Verfahren: die Tiere werden an den Hinterbeinen aufgehängt und so abgezogen.
Photo: S. Gidal

und man nur eine geringe Anzahl von Zuchtböcken für die Fortpflanzung der Herden benötigte.

Sowohl Ziegenhaar als auch Schafwolle wurden gewonnen und verwertet. Die Schur der Schafe erfolgte nach Musil Ende März/Anfang April, die der Ziegen erst im Mai. Pro Schaf erhielt man durchschnittlich 2 kg Rohwolle.

Das Ziegenhaar wurde in erster Linie selbst versponnen und verwebt und diente als Material für alle festeren Gewebe, vor allem für die Zeltbahnen. Die Schafwolle wurde dagegen z. T. als Rohmaterial auf den Märkten bzw. an fahrende Händler verkauft, z. T. wurde sie ebenfalls selbst versponnen und zu Decken, Satteltaschen, u. ä. verwebt.

Abb. 22 Auch die Felle und die Häute der geschlachteten Tiere wurden genutzt. Aus mehreren Schaffellen wurde der im Winter von Männern getragene Pelzumhang *(farwa)* zusammengenäht. Schaf- und Ziegenfelle wurden als Sattelkissen über das Holzgestell des Kamelsattels gelegt (vgl. Abb. 16). Aus den Häuten wurde eine Vielzahl von Schläuchen zur Aufbewahrung bzw. Verarbeitung von Wasser, Milch und Butter angefertigt.

Weidezyklus

Abb. 23 Der Unterhalt von Herden in Trockengebieten verlangte unter vorindustriellen Verhältnissen einen periodischen Weidewechsel. Wenn die Weide in der näheren oder auch weiteren Umgebung eines Zeltlagers abgegrast war, wurde das Lager verlegt und die Weiden in der neuen Umgebung genutzt. Die Häufigkeit des Weidewechsels war nicht nur durch die Größe der Herde und die Ausgiebigkeit der Weiden, sondern auch durch die Art des gezüchteten Viehs bedingt: Kamele weiden weitaus großflächiger als Schafe und Ziegen, weshalb kamelzüchtende Nomaden ihre Lager viel häufiger und über größere Entfernungen hin verlegen müssen. Innerarabische Kamelnomaden besaßen Wanderzyklen mit bis zu 500 oder sogar 1000 Kilometer Entfernung zwischen Sommer- und Winterquartieren. Dagegen wanderten kleinviehzüchtende Gruppen, so auch die meisten Beduinen des Negev, erheblich kleinräumiger. Nach Oppenheim (1943), der für einige Stämme des südlichen Palästina die Aufenthaltsorte im Sommer und im Winter angibt, lagen beide durchschnittlich nur etwa 30 bis 40 Kilometer auseinander.

Der jährliche Wanderzyklus war durch zwei feste Aufenthaltsorte bestimmt. Im Spätherbst und im Frühling mußte das einer Gruppe gehörende Ackerland zum Säen und Ernten aufgesucht werden, und in der trockenen Jahreszeit sammelte man sich *Abb. 24* samt den Herden an den wenigen Brunnen, um die Wasserversorgung für Mensch und Tier sicherzustellen. Das restliche Jahr über wanderten die Beduinen in ihren eigenen oder auch in fremden Stammesgebieten herum. Um fremde Stammesterrito-

Abb. 23
Zwei Kamele auf der Weide. Die Kamelmutter trägt eine Glocke um den Hals.
Photo: S. Gidal

rien abweiden zu können, mußte ggfs. ein Entgelt an den betreffenden Stamm bzw. dessen *Šayḫ* gezahlt werden.
Genauere Beschreibungen eines beduinischen Wanderzyklus liegen aus den 50er Jahren dieses Jahrhunderts vor. Marx (1967) schilderte den Weidezyklus der *Bdūr,* einer Untergruppe der *Ẓullām:* Die *Bdūr* hatten damals bereits ein ständiges Zeltlager bei ihrem Ackerland, das von den älteren Männern und Frauen bewohnt wurde. Ihnen schlossen sich zur Zeit des Pflügens und Erntens die jungen Männer der

Abb. 24
Beduinen am Brunnen. Das geschöpfte Wasser wird heute oft in Metallkanister statt in Lederschläuche umgefüllt.
Photo: S. Gidal

Gruppe samt ihren Familien an. Das restliche Jahr über wanderten sie mit den Herden weidesuchend durch den nordwestlichen Negev, wobei sie einem lokal festgelegten Wanderzyklus folgten. Nach Beginn der Regenzeit wanderten sie in die östlich gelegenen Berge, um die dortige *rabī*-Weide (einjährige Pflanzen, die nach ausreichenden Regenfällen aufsprießen und die sehr saftig und nahrhaft sind) auszunützen. Im Verlauf und gegen Ende der feuchten Jahreszeit zogen sie dann allmählich immer weiter westwärts, bis sie zu Beginn des Sommers (Anfang Mai) an die westlichen Grenzen der Reservation stießen. Die israelische Militärverwaltung erlaubte nur einzelnen Hirten, die Herden in begrenztem Umfang außerhalb der Reservation zu weiden; die restlichen Familienmitglieder mußten sich dann in das permanente Zeltlager zurückziehen.

Die geschilderten Verhältnisse lassen deutlich eine verstärkte Tendenz zur Seßhaftigkeit erkennen. Sie setzte sich in den 60er und 70er Jahren weiter fort. Die durch die verstärkte jüdische Besiedelung des Negev zunehmende Beschränkung des für die Beduinen verfügbaren Weidelandes einerseits, die vermehrte Annahme von *Abb. 25*

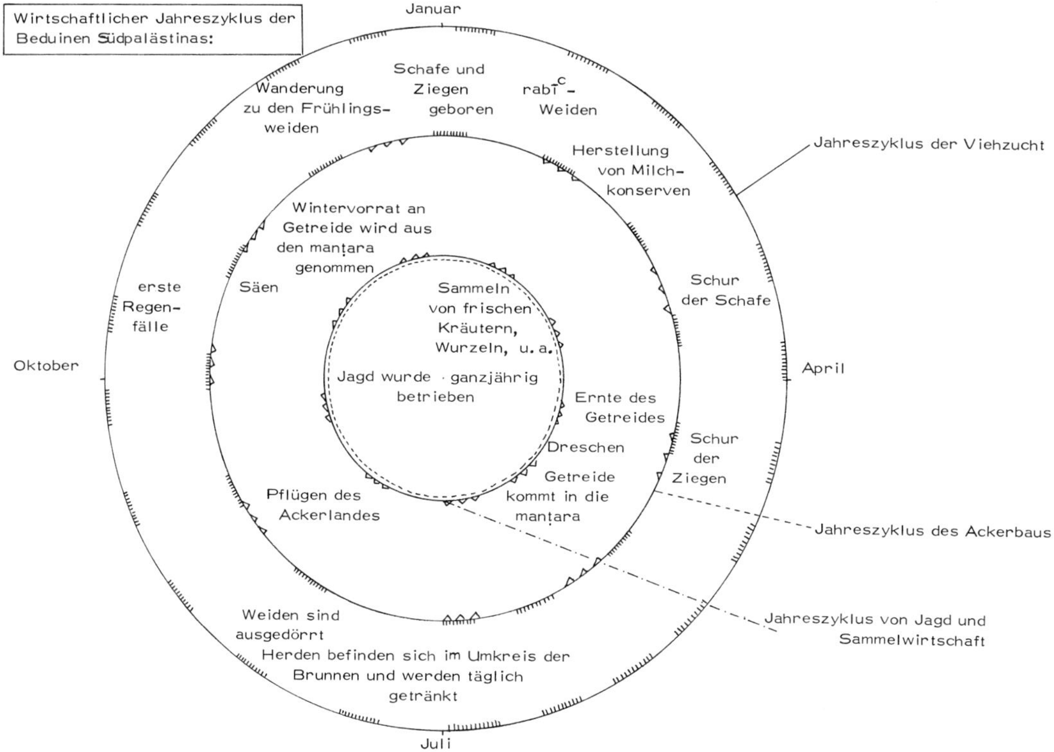

Abb. 25
Wirtschaftlicher Jahreszyklus der Beduinen des Negev. Entwurf: F. Korsching (unter Verwendung einer Vorlage von S. Gidal).

Lohnarbeit andererseits führten zu einer immer geringeren Bedeutung der nomadischen Viehzucht. Viele Beduinen verkauften im Verlauf der beiden letzten Jahrzehnte ihre Herden zur Gänze, errichteten sich billige Wellblech- oder Kistenhütten und verdingten sich ganzjährig als Lohnarbeiter.

Jagd und Sammelwirtschaft

Die Jagd und das Sammeln von wildwachsenden Kräutern, Wurzeln, u. a. m. spielte in der Wirtschaft der Beduinen überall nur eine ergänzende Rolle. Die Jagd, die in geringem Umfang saisongebunden war, diente vor allem dazu, den chronischen Mangel an fleischlicher Nahrung bei den Nomaden etwas zu beheben. Das Sammeln wilder Pflanzen fand primär in der Zeit nach den Winter- und Frühjahrsregen statt und erweiterte den zu dieser Jahreszeit ohnehin schon reichhaltigeren Speisezettel.
Die Fauna Palästinas war – vor allem was größere Säugetiere angeht – bis zur weiten Verbreitung moderner mehrschüssiger Gewehre erheblich reicher als heutzutage. Besondes zwei Tiere, die zum bevorzugten ›Großwild‹ der Beduinen gehörten, nämlich Gazelle und Steinbock (Ibex), sind heute bis auf wenige Restbestände fast ausgerottet. Auch Raubtiere, wie z. B. der Leopard und der Wolf, sind nur noch in äußerst geringer Anzahl vorhanden. Die Kleintierwelt hat sich dagegen bis heute in größerem Umfang intakt erhalten können.
Die Jagd hatte bei den Beduinen des Negev (und auch anderswo in Arabien) daher in früheren Zeiten eine größere Bedeutung für die Ernährung als heute. Gejagt und gegessen wurden Gazellen, Steinböcke, Hasen, Wüstenhühner, aber auch alles mögliche Kleingetier wie Springmäuse, Eidechsen, Füchse, Schlangen u. a. m. Die ewig hungrigen Beduinen beachteten in dieser Hinsicht praktisch kein Essenstabu.
Die Jagdmethoden waren unterschiedlich. Außer bei der Falknerei war jedoch meistens die Einzeljagd vorherrschend. Die Falknerei, die als Jagdmethode speziell für Gazellen, Hasen und verschiedene Wüstenvögel bei den nord- und zentralarabischen Beduinenstämmen eine hervorragende Rolle spielte, scheint im Negev in der jüngeren Vergangenheit weniger üblich gewesen zu sein. Gejagd wurde größeres Wild wie Gazellen und Steinböcke mit dem Gewehr. Die Gazellen waren mehr in den ebenen Landstrichen des Negev verbreitet; sie lebten in kleinen Herden von bis zu
Abb. 26 20 Tieren zusammen. Der Steinbock lebte dagegen vor allem in den bergigen und zerklüfteten Regionen des Negev und der angrenzenden Gebiete. Er war sehr scheu
Abb. 27 und konnte nur von geschickten Jägern durch Anpirschen erlegt werden.
Hasen und größere Vögel wurden oft mit Wurfstöcken getötet. Vögel wurden z. T. auch mit Netzen gefangen.

Abb. 26
Jagd auf Steinböcke. Transjordanien, 1. Hälfte des 19. Jh.
Nach Bartlett (1862)

Die in unterirdischen Gängen lebende Springmaus *(yarbuʿ)* wurde nach Musil durch Eintreten ihrer Behausung ins Freie getrieben und erschlagen. Schlangen und Eidechsen wurden ausgegraben.

Die Jagd wurde von Männern und Jungen betrieben, während das Sammeln überwiegend Aufgabe der Frauen und Kinder war. Gesammelt wurden verschiedene Arten wildwachsender Gemüse wie *ḫubayza,* eine Malvenart, die in Zeiten der Knappheit auch in großem Umfang von den »Fallāḥīn« Palästinas gegessen wurde, *kimaʿ,* eine Trüffelart, die *kaʿūb*-Wurzel u. a. m. Diese Pflanzen wurden z. T. zubereitet oder auch roh gegessen, z. T. als Nahrungsmittelkonserve hergerichtet und für den Rest des Jahres (Sommer, Herbst u. Winter) aufgehoben.

Abb. 27
Wüstenrebhuhn, eine beliebte Jagdbeute der Beduinen.
Nach Bartlett (1862)

Ein weiteres, für die beduinische Sammelwirtschaft früher sehr wichtiges Objekt, stellte die Wüstenheuschrecke dar. Die Heuschrecken, die periodisch in riesigen Schwärmen auftauchten und überall, wo sie sich niederließen, alles kahlfraßen, gehörten zu den Schrecknissen der »Fallāḥīn« des gesamten Orients. Für die Beduinen hingegen bedeuteten diese Tiere nicht nur eine Plage, sondern auch eine willkommene Beute. Wenn sich ein Schwarm in der Nähe eines Beduinenlagers niedergelassen hatte, eilten die Lagerbewohner sofort mit Stöcken und Säcken hin, um soviel Heuschrecken *(ǧirād)* wie möglich totzuschlagen und einzusammeln. Die Tiere wurden entweder frisch geröstet und gleich verzehrt oder für später gedörrt und zu einer Art Mehl gemahlen.

Häusliches Leben

Zelt und Hausrat

Wie wir schon im Kapitel »Beduinen und Fellachen« sahen, lebten nicht nur die Beduinen, sondern auch die sog. »Halb-Fallāḥīn« ganzjährig in Zelten. Ja sogar die richtigen »Fallāḥīn« benutzten das Zelt zeitweise als Wohnung.

Das Zelt der Beduinen gehörte zu dem in ganz Nordafrika und Vorderasien bis hinein nach Innerasien (Tibet) verbreiteten Typus des sog. »Schwarzen Zeltes«. Es bestand hauptsächlich aus einem großen rechteckigen, aus schwarzem Ziegenhaar (daher der Name!) gewebten Dach, das mittels einiger Stangen und Stricke über dem Boden errichtet wurde.

Die Beduinenzelte der arabischen Halbinsel stellten von der äußeren Form her einen ziemlich einheitlichen Typus dar. Sie zeichneten sich – im Gegensatz zu den Zelten z. B. des nördlichen Afrika – durch ein sehr flaches Dach und durch relativ lange Zeltleinen aus.

Das Zelt hieß allgemein *bayt* (Haus; ursprüngl. der Ort, wo man die Nacht verbringt) oder auch *bayt aš-šaʿr* (Haus von Ziegenhaar) nach dem Material, aus dem es hergestellt wurde. Das Zeltgewebe bestand aus drei verschiedenen Stücken, dem Dach, einer Rückwand und einer sich quer durch das Zelt ziehenden Trennwand.

Das Dach, *šqāq* (Pl. von *šuqqa:* Bahn), wurde meist nur aus Ziegenhaar gewebt, da dieses sehr reißfest war und zudem die Eigenschaft hatte, sich bei Regenfällen auszudehnen und so kein Wasser durch das Gewebe dringen zu lassen. Stämme, die selber keine Ziegen züchteten – wie z. B. viele Kamelzüchter –, mußten das Ziegenhaar oder das fertig gewebte Tuch von benachbarten Beduinen, die Ziegen hielten, kaufen. Bei den Kleinviehzüchtern wurden früher die für das Zeltdach benötigten Bahnen immer von den Frauen des Stammes selbst gewebt. In der jüngeren Vergangenheit kauften diese Beduinen sie auch oft schon fertig gewebt auf den Märkten oder von fahrenden Händlern.

Eine Bahn *(šuqqa)* war nach Musil durchschnittlich 70 cm breit und 7 Meter lang. Um ein kleineres Zeltdach herzustellen, nähte man mehrere Bahnen der Länge nach zusammen und erhielt so eine ungefähr 7 mal 3 Meter große Decke. Für größere Zelte mußte man jeweils mehrere, parallel zusammengenähte Bahnen außerdem noch an den schmalen Seiten aneinandernähen. Ein so hergestelltes Zeltdach konnte, wenn

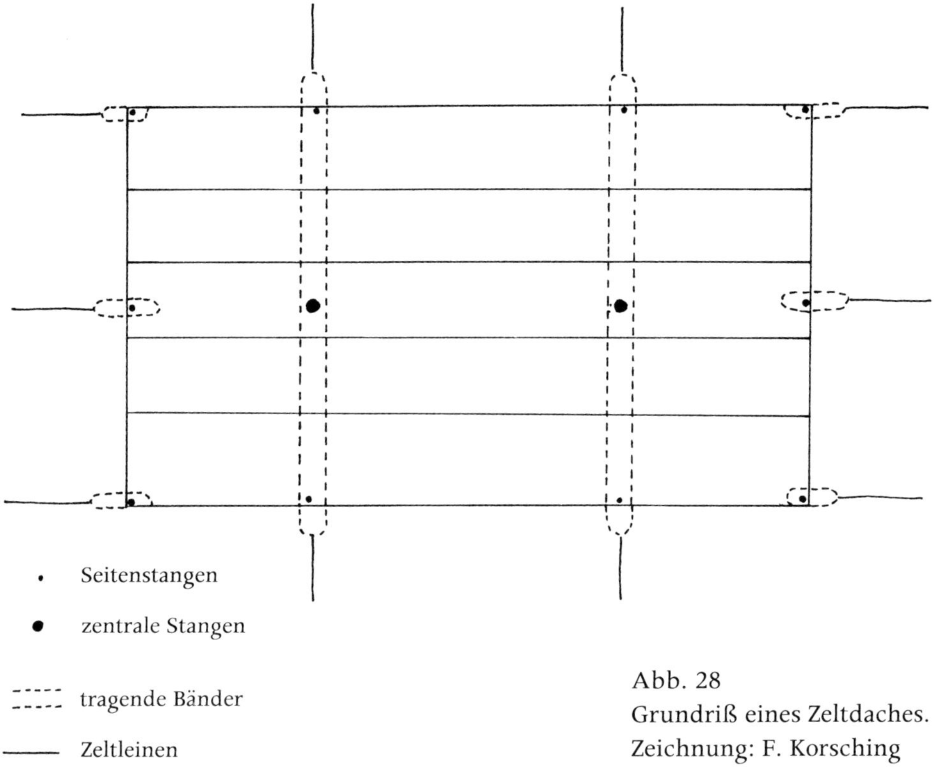

Abb. 28
Grundriß eines Zeltdaches.
Zeichnung: F. Korsching

es in einzelnen Teilen zerrissen oder abgetragen war, stückweise repariert werden, indem man einfach die nicht mehr brauchbaren Bahnen durch neue ersetzte.
Damit das Zeltdach in seiner Breite, wo es durch die vielen langen Nähte gefährdet *Abb. 28* war, nicht auseinanderriß, nähte man an den Stellen, wo es auf die Zeltstangen zu liegen kam, starke tragende Bänder *(tarīqa)* darauf.

Das Zeltdach wurde von 3 bis 8 parallelen Reihen von je drei Zeltstangen aufrecht gehalten. Dabei waren die der Längsseite nach zentralen Stangen ca. einen halben Meter höher als die vorderen und hinteren Stangen. Die absolute Höhe der Stangen variierte je nach Zeltgröße; die vorderen Stangen waren jedoch mindestens mannshoch.

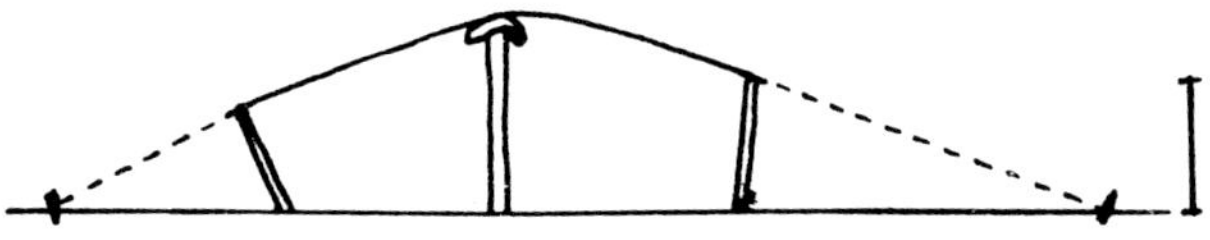

Damit die zentralen Stangen die Zeltdecke nicht durchstießen, wurde zwischen sie und das Gewebe ein speziell gedrechseltes Stück Holz oder einfach ein mehrfach gefaltetes Stück Stoff gesteckt.

Die Stricke, mittels derer das Zeltdach am Boden festgepflockt wurde, waren an allen vier Ecken und an den Seiten der Zeltdecke befestigt (siehe Abb. 28). Eine charakteristische Befestigungsart war das Anbinden durch ein gabelförmiges Holzstück, das seinerseits an einem am Zeltdachrand eingenähtes längliches Hölzchen befestigt wurde.

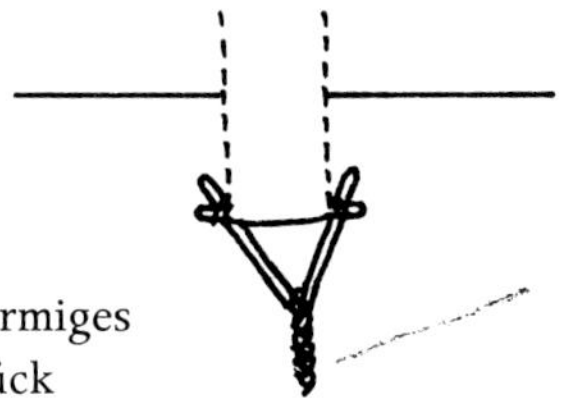

Die Zeltrückwand *(rwāq)*, die hauptsächlich Wind und Staub abhalten sollte, bestand aus aneinandergenähten Bahnen von Schafwolle, Kamel- und Ziegenhaar. Sie wies daher im Gegensatz zum einfarbigen schwarzen Zeltdach verschiedene Farbstreifen (die Naturfarben: braun – weißlich – schwarz) auf. Der obere Rand des *rwāq* wurde mit langen eisernen Nadeln an der hinteren Seite des Zeltdaches festgesteckt. Oft war der *rwāq* länger als die hintere Seite des Zeltes; in diesem Fall wurde er dann noch um die Seiten herum gelegt und an den oberen Seitenrändern des Daches befestigt. Der *rwāq* wurde bei Bedarf, z. B. bei drückender Windstille, nach oben aufgerollt, um auch noch den leisesten Lufthauch durch das Zelt streichen zu lassen.

Die sich quer durch das Zelt ziehende mittlere Wand *(sāḥa)* trennte das Männerabteil von dem der Frauen. Sie wurde mittels langer Schlaufen entlang einer Reihe Zeltstangen aufgehängt. Die *sāḥa* zeichnete sich früher durch kunstvoll eingewebte, meist in Schwarz-Weiß gehaltene, geometrische Muster aus. Berühmt in dieser Hinsicht waren die Trennwände der transjordanischen Stämme (vgl. Crowfoot u. Weir).

Die vorangegangene Schilderung der einzelnen Elemente des beduinischen Zeltes besitzt, was die Beduinen des Negev angeht, größtenteils nur noch Vergangenheits-

Abb. 29
Zeltlager der Beduinen im Negev.
Photo: S. Gidal

wert. In den wenigen Fällen, in denen heute überhaupt noch Zelte (statt Wellblechhütten) als Wohnungen benutzt werden, bestehen sie zur Hälfte aus zusammengestückeltem Sackleinen und ähnlichen Abfallprodukten der industriellen Zivilisation Israels. Sie machen einen zerlumpten Eindruck und sind auch kaum mehr in der Lage, ihre Funktion (z. B. Schutz gegen Regenfälle) zu erfüllen.

Abb. 29

Das Zeltlager wurde früher im Rahmen des jährlichen Wanderzyklus periodisch verlegt. Die recht schweren Zeltbahnen wurden zusammengerollt auf die Lastkamele geladen und so transportiert (s. Abb. 17).

Wenn ein Zelt errichtet werden sollte, legten die Frauen (Ab- und Aufbau der Zelte war Aufgabe der Frauen) zunächst das Zeltdach flach ausgebreitet auf die Erde. Dann

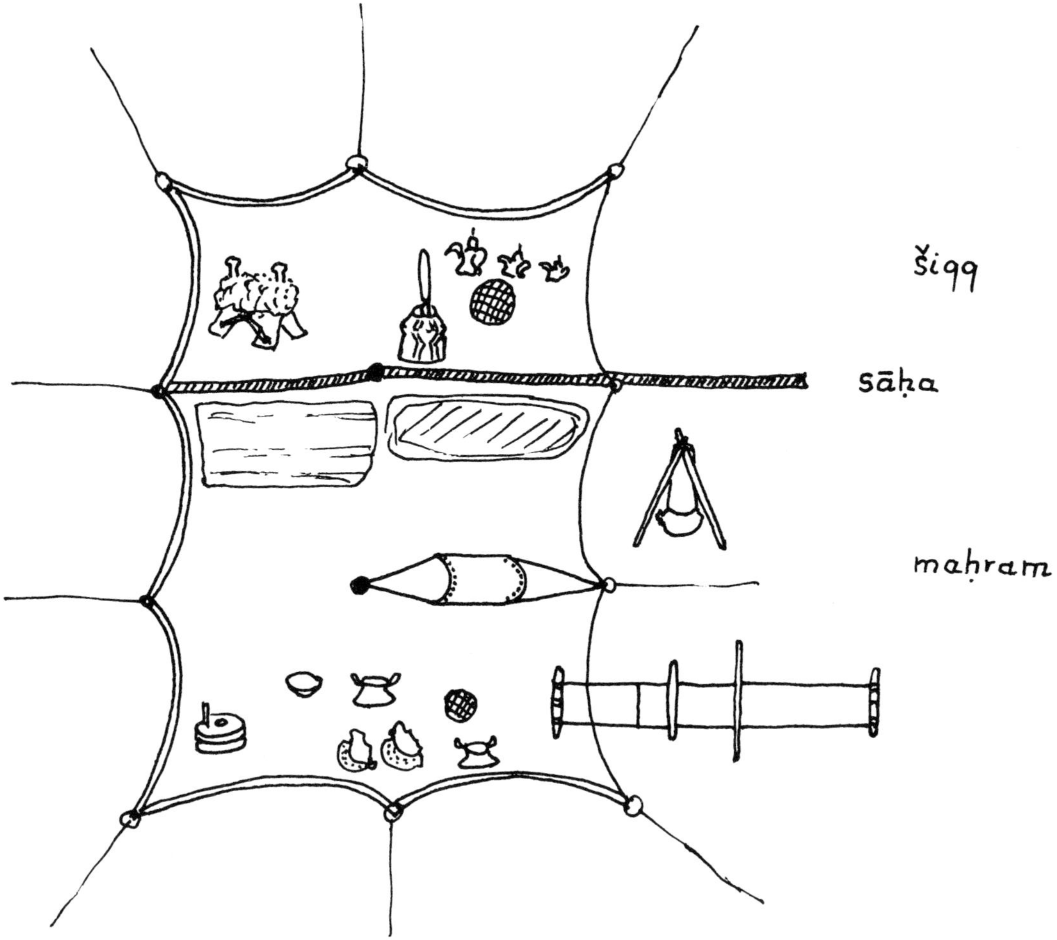

● Zentrale Pfeiler

Feuerstelle

Im *šiqq* befinden sich eine Feuerstelle mit den Kaffeegeräten und Kamelsättel als Möbel.

Der *maḥram* enthält die Betten (Decken, Matratzen u. ä.), die Kinderwiege, die Kochstelle mit den Kochgeräten, die Handmühle, das Buttergestell und (ggfs.) den Webrahmen.

Abb. 31
Grundriß eines traditionell eingerichteten Zeltes.
Zeichnung: F. Korsching

wurden die Zeltstricke ausgespannt und am äußeren Ende mit Holzpflöcken – heute oft mit riesigen eisernen Nägeln –, die man in den Boden schlug, festgemacht. Anschließend nahm man die zentrale Zeltstange, führte sie unter die ausgebreitete
Abb. 30 Zeltdecke und stellte sie dort auf. Dadurch war das schwere Zeltdach in der Mitte
(s. S. 38) angehoben, und die restlichen Stangen konnten nun ebenfalls aufgestellt werden. Danach zog man die Zeltleinen an oder lockerte sie, – je nach Bedarf. Zum Schluß wurde die Rückwand befestigt und die trennende Querwand aufgehängt.

Diese Querwand trennte den Männerraum *(šiqq),* der meist nur ca. ein Drittel des gesamten Zeltraumes einnahm, von der Frauenabteilung *(maḥram),* in der der ganze Hausrat und die Küchengeräte – außer den im *šiqq* aufbewahrten Kaffeeutensilien – sowie die Nahrungsmittelvorräte aufgestapelt waren, und die zudem als Schlafstatt für die Familie diente. Der *maḥram* beherbergte ferner den Webstuhl der Zeltherrin.
Abb. 31 Der spärlich möblierte *šiqq* enthielt dagegen außer den um eine Feuerstelle gruppierten Kaffeegeräten nur einige Kamelreitsättel, die die Männer als Armstützen gebrauchten. Wenn Gäste eintrafen, wurden noch einige Matten oder Decken auf dem Boden ausgebreitet.

Kaffeezeremonie

Kaffee *(qahwa)* war das einzige anregende Getränk, das die Beduinen kannten. Es war ihr Lieblingsgetränk und wurde jedem ankommenden Gast, egal ob Fremder oder Zeltnachbar, sofort vorgesetzt. Die häufigste Kaffeerunde innerhalb eines Beduinenlagers fand im Zelt des *Šayḫ* statt, der bevorzugt angereiste Gäste, aber auch seine eigenen Lagergenossen zu bewirten pflegte. Jeden Abend versammelten sich die männlichen Bewohner des Lagers im Zelt des *Šayḫ,* um im Rahmen des Kaffeetrinkens sich zu unterhalten, Probleme zu besprechen, einem Dichter zuzuhören u. a. m.

Das Kaffeetrinken war so vollendet in das gesellschaftliche Leben der Beduinen integriert, und das dabei beachtete Zeremoniell der Kaffeezubereitung war so ausgefeilt, daß es den Anschein hat, als ob der Kaffee ein uraltes Element der beduinischen Kultur sei. Dem ist aber keineswegs so. Der Kaffee, der sich im Verlauf des 16. Jahrhunderts schlagartig im Osmanischen Reich verbreitete, ist quellenmäßig frühestens im 14. Jahrhundert aus dem Yemen belegt. Damals verwendeten die dortigen islamischen Mystiker ein aus den Früchten des Kaffeebaumes hergestelltes Getränk, um sich während der Nacht wachzuhalten. Die Kenntnis von der anregenden Wirkung dieses neuen Getränkes verbreitete sich offenbar recht bald, denn einige Zeit später hören wir bereits von Kaffeehäusern in den heiligen Städten des *Ḥiǧāz* (Mekka und Medina). Die sich dann sehr schnell vollziehende Ausbreitung des Kaffeegenusses in der islamischen Welt läßt sich wohl vor allem durch das religiös

Abb. 32
Beduine röstet frische Kaffeebohnen in der *miḥmāsa*. Das Feuerungsmaterial besteht aus Kameldung.
Photo: T. Gidal (mit freundlicher Genehmigung)

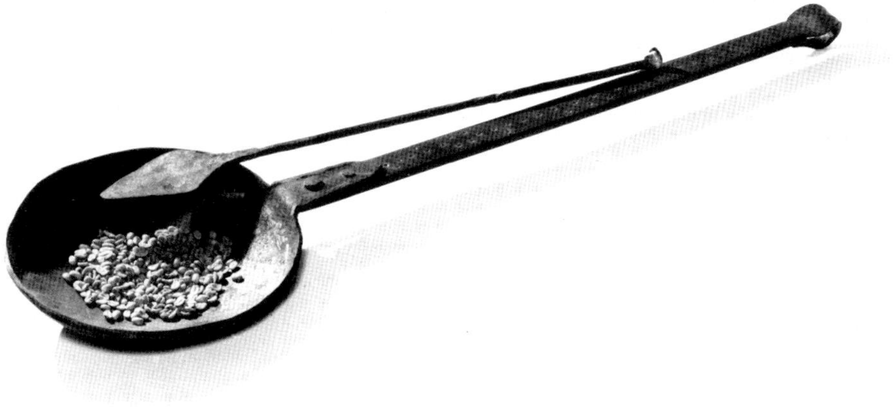

Abb. 33
Röstpfanne *(miḥmāsa)* und Rührlöffel *(yad)*. In der *miḥmāsa* liegen frische grüne Kaffeebohnen. Beide Instrumente sind aus Eisen geschmiedet.
Dieses Exemplar ist relativ einfach; reiche Häuptlinge besitzen oft kunstvoll verzierte Stücke.
L = 85 cm *(miḥmāsa)* L = 52,8 cm *(yad)*
Negev *(ʿAzazma)*.

bedingte Verbot des Weintrinkens erklären. Der Zusammenhang zwischen dem Trinken von Wein und Kaffee wird durch die arabische Bezeichnung für Kaffee, *qahwa,* belegt: *qahwa* bezeichnete im klassischen Arabisch den Wein.
Der Kaffeegenuß ist im Orient also erst seit wenigen Jahrhunderten üblich; in diesem Zeitraum muß er sich auch bei den Beduinen verbreitet haben.
Betrachten wir nun die Art der Kaffeebereitung bei den Beduinen, die genau geregelt war und bei allen Stämmen auf die gleiche Weise vor sich ging.
Abb. 32 Der Kaffee wurde im Männerabteil des Zeltes, das ja gleichzeitig der Empfangsraum für Gäste war, vom Gastgeber selbst oder – falls es sich bei ihm um einen mächtigen und wohlhabenden *Šayḫ* handelte – von einem eigens dazu bestellten Kaffeekoch

bereitet. Man bereitete den Kaffee stets frisch zu. Zunächst wurden die grünen Kaffeebohnen aus dem an einer zentralen Zeltstange hängenden Ledersäckchen genommen und in die langstielige eiserne Röstpfanne *(miḥmāsa)* gelegt. Mittels eines

Abb. 34
Holzmörser *(mihbāš)* und Stößel *(yad)*. Der Mörser wurde in einem Stück aus dem Holz der Terebinthe *(buṭm)* hergestellt. Außenseite ist geschnitzt und mit Messingblech und Nägeln beschlagen. Der Stößel ist schmucklos, gehörte ursprünglich wohl nicht zu diesem speziellen Mörser.
H (d. Mörsers) = 30 cm ∅ (~) = 26 cm H (d. Stößels) = 64 cm
Negev *(ʿAṭāuna)*

Abb. 35
Reihe von vier Kaffeekannen (*dalāl*, Sg. *dalla*). Die beiden rechten sind aus Kupfer, die linken aus Messing. Die kleinere Kupferkanne ist formgetrieben, die Messingkanne links außen mit einem Ritzdekor verziert.
H = 37 cm 25 cm 24 cm 19 cm (von rechts)
Negev

Abb. 33 löffelartigen Instruments rührte man die Bohnen in der Pfanne über dem Feuer solange um, bis sie braun geröstet waren.

Nachdem die gerösteten Bohnen etwas abgekühlt waren, schüttete man sie in einen speziellen Kaffeemörser, um sie zu Pulver zu zerstampfen. Im südlichen Palästina und in den benachbarten Regionen jenseits des Jordans bzw. der *ʿAraba* waren überwiegend große holzgeschnitzte und kunstvoll verzierte Mörser *(mihbāš)* in Gebrauch, während in anderen Gebieten der arabischen Halbinsel bevorzugt kleinere Mörser aus Messing oder auch aus Stein benutzt wurden.

Abb. 34 Das rhythmische Stampfen des Kaffeemörsers war relativ weit zu hören und für die übrigen Lagerbewohner eine Art Einladung, sich ebenfalls an der Kaffeerunde zu beteiligen.

Abb. 35 Inzwischen war in der größten der vorhandenen Kaffeekannen Wasser zum Kochen gebracht worden. Ein Beduinenhaushalt besaß durchschnittlich – es sei denn, er war sehr arm – drei bis vier verschieden große Kaffeekannen. Die Form dieser Kannen war, abgesehen von lokalen Varianten in der Verzierung, typologisch einheitlich. Charakteristisch war die lange, geschwungene und spitz zulaufende Tülle.

In die mit kochendem Wasser gefüllte große Kaffeekanne schüttete man nun den zu Pulver zerstampften Kaffee und ließ das Gebräu mehrmals auf der Feuerstelle aufbrodeln. In eine zweite kleinere Kanne wurde dann eine geringe Menge ebenfalls kleingestampfter Gewürze – meist Kardamonsamen *(hayl),* – getan und der Kaffee aus der ersten Kanne in diese Kanne umgegossen. Den so gewürzten Kaffee brachte man erneut zum Aufkochen und goß ihn dann in die dritte, anschließend nach abermaligem Erhitzen in die vierte Kanne. Durch diesen Prozeß des mehrfachen Aufkochens wurde er sehr stark und bitter. Die Beduinen verwendeten ursprünglich niemals Zucker für ihren Kaffee; der auch in Europa bekannte süße Mokka war türkischer Herkunft und früher in den arabischen Ländern sehr selten.
Der Kaffeekoch schenkte das Getränk aus. Aus der in der linken Hand gehaltenen Kanne goß er den Kaffee in langem dünnem Strahl in die kleinen henkellosen Tassen, *(finǧān).* Sie wurden entweder mit der Hand oder auf einem speziellen Serviertablett *(ṣīnīya)* angeboten. *Abb. 36 (s. S. 39)*
Die Menge des pro Tasse ausgeschenkten Kaffees war sehr gering und füllte diese höchstens zu einem Viertel. Jemandem eine volle Tasse Kaffee anzubieten galt als Beleidigung und als Angriff auf die Ehre des Betroffenen. Gewöhnlich schenkte der Kaffeekoch jedem anwesenden Gast insgesamt dreimal Kaffee aus. Wer keinen Kaffee mehr wünschte, gab die letzte ausgetrunkene Tasse zurück, indem er sie leicht von links nach rechts schüttelte. Bei dem Ausschenken wurde eine gewisse Reihenfolge beobachtet, d. h., als erster bekam der Einflußreichste bzw. Angesehenste der Runde den Kaffee gereicht. Anschließend wurden die übrigen Anwesenden der Rangfolge nach bedient. Aus der Reihenfolge des Kaffeeanbietens konnte ein Fremder also sofort die in einer Beduinengruppe herrschenden Rangunterschiede feststellen. Andererseits war es auf diese Weise möglich, einem bislang angesehenen Beduinen, der seine Ehre durch irgendeine Tat befleckt hatte, Mißachtung zu zeigen.

Nahrung und Küchengeräte

Die Beduinen des südlichen Palästina ernährten sich in erster Linie mit Getreide und Milchprodukten, wohingegen Fleisch und Gemüse eine ganz untergeordnete Rolle spielten. Fleisch galt als Festessen und kam meistens nur auf den Tisch, wenn Gäste eingetroffen waren. (Weiteres siehe im Kapitel über die Viehzucht bzw. die Jagd). Da die Beduinen kein Gemüse anbauten, waren sie diesbezüglich auf den Genuß von im Frühling gesammelten wildwachsenden Kräutern, Wurzeln, Trüffeln u. ä. angewiesen. Im Gegensatz zu der Küche der Fallāḥīn, die in reichlichem Ausmaß verschiedene angebaute Gemüse wie Tomaten, Auberginen, Bohnen u. a. m. verwendete, war die traditionelle beduinische Küche in dieser Hinsicht recht einseitig.

Milchprodukte
Die Herstellung und Verwertung von Milchprodukten (Sauermilch, Butter, Kochbutter und Trockenquark) wurde bereits im Kapitel »Viehzucht« kurz geschildert. Hier sollen nur noch die dabei verwendeten Küchenutensilien beschrieben werden. Gemolken wurde früher im allgemeinen in eine hölzerne Schale. Musil bildete ein derartiges, mit einem Stiel zum Festhalten versehenes Melkgefäß ab.

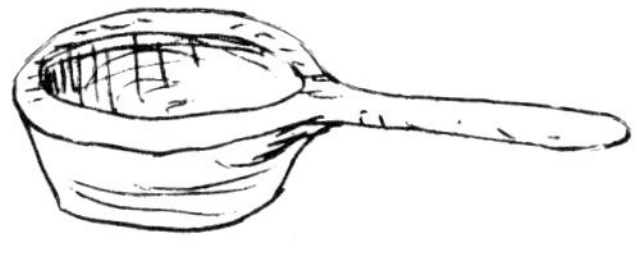

miǵrāf (nach Musil, AP III, 139)

Heutzutage werden meist irgendwelche Behälter aus emailliertem Blech oder Plastik für das Melken benutzt.
Die gemolkene Milch wurde mittels eines – früher aus Holz geschnitzten – Trichters in einen Schlauch aus Ziegenhaut, in dem sich ein alter Rest Sauermilch befand, gegossen. Im Verlauf einiger Stunden säuerte sich die in dem Schlauch befindliche Milch. Die so erhaltene Sauermilch (Dickmilch) wurde dann zum Buttern in einen anderen Schlauch, der an einem mittels drei Stangen zusammengestellten Gerüst hing, gegossen. Dieser Schlauch wurde von einer oder von zwei sich gegenüberstehenden Frauen solange hin und hergeschüttelt, bis sich im Innern die Butter von der Buttermilch getrennt hatte.

rakāba (Buttergestell)

Dickmilch, Butter und Buttermilch wurden alle in Schläuchen aufbewahrt, die man im Schatten des Zeltes deponierte.
Für die weitere Verarbeitung der Butter zu Kochbutter verwendete man einen großen verzinnten Kupferkessel *(qidr)*. In ihm wurde die Butter zusammen mit Gewürzen zerlassen. Die fertige Kochbutter wurde ebenso wie Milch und Butter in Schläuchen aufbewahrt. Hierbei handelte es sich meist aber nicht um die relativ großen Schläuche von Ziegen oder Schafen, sondern um kleinere Schläuche, die u. a. aus der Haut von Dornschwanzechsen gemacht wurden.

Abb. 37
Küchengeräte aus Kupfer. Rechts und links zwei Kochtöpfe, hinten ein Eßteller, im Vordergrund verschiedene Löffel, Schöpfer, eine Kelle und ein Brotumwender. Derartiges Kupfergerät war früher im gesamten Orient, bei Städtern, Fallāḥīn und Beduinen, üblich. In neuerer Zeit wird es zunehmend von billigen Emaille- und Aluminiumgefäßen und von Stahlbesteck verdrängt.
Negev

Kupferkessel waren früher mehrfach in jedem Beduinenhaushalt vorhanden. Sie wurden nicht nur zum Zerlassen der Butter, sondern auch für alle möglichen Kochzwecke benutzt. Viele Koch- und Eßgeräte der Beduinen waren aus Kupfer: Man verwendete kupferne Kochtöpfe, verschiedene Größen kupferner Schöpf- und Eßlöffel sowie kupferne Schalen oder Schüsseln zum Auftragen des Essens. Alle diese Kupfergeräte wurden in den Städten von hauptberuflichen Kupferschmieden hergestellt und von den Beduinen auf dem Markt erworben. *Abb. 37*

Getreidenahrung

Die Getreidenahrung spielte für die Beduinen des Negev, die einen Großteil ihres Eigenbedarfs selbst anbauten und ernteten, naturgemäß eine wesentliche Rolle. Sie

konnten – falls nicht mehrere Mißernten aufeinander gefolgt waren – das ganze Jahr über von ihren in den *manṭara* (Vorratsgruben) eingelagerten Kornvorräten zehren. In dieser Beziehung waren sie gegenüber den Kamelzüchtern, die sich ihren Getreidebedarf erst durch Handel oder Raub erwerben mußten, im Vorteil.
Das Getreide wurde zu Mehl- oder Grützbrei und zu Brot verarbeitet.
Um das Korn zu mahlen, wurde im allgemeinen die im Orient und darüberhinaus weitverbreitete Handmühle, der sog. Quern *(irḥa)* benutzt. Die *irḥa* war in Arabien sowohl bei Fallāḥīn als auch bei Beduinen in Gebrauch. Die Nomaden hatten möglichst kleine Mühlen, da diese sich leichter transportieren ließen. Die Mühle bestand aus zwei runden, flachen, aufeinanderliegenden Steinen, die in der Mitte ein Loch aufwiesen, durch das ein Zapfen ging, der beide Steine in Position hielt. Beim Mahlen wurde der obere Stein mittels eines hölzernen Stabes gegen den unteren gedreht.

irḥa

Die Getreidekörner wurden in das zentrale Loch geschüttet und der obere Stein in Bewegung gesetzt; das durch die Reibung der beiden Steine entstehende, ziemlich grobe Mehl rann an den Außenseiten der Mühle hinunter und wurde durch ein unter ihr ausgebreitetes Tuch aufgefangen. Anschließend wurde das Mehl gesiebt.
Das Mehlmahlen war ausschließlich Frauenarbeit. Ein Mann hätte sich durch das öffentliche Ausführen dieser Tätigkeit degradiert gefühlt. Gewöhnlich mahlten die Frauen jeden Morgen den Tagesbedarf an Mehl, der dann gleich weiterverarbeitet wurde.
Die Beduinen aßen fast nur ungesäuertes Brot. Es wurde stets in Form von runden Fladen zubereitet.
Auf Reisen backte man das Brot meist ohne irgendein Backgerät. Man formte aus Mehl, Wasser und – falls vorhanden – etwas Salz tellergroße, ungefähr einen Zentimeter dicke Fladen und backte sie entweder direkt in der Glutasche oder auf durch das Feuer erhitzten Steinen. Dieses Brot hieß *qurs*.
Abb. 38 Im Zeltlager backten die Beduinen ihr Brot auf einem gewölbten Backblech, dem *ṣāǧ*.
(s. S. 40) Gebacken wurde von den Frauen. Sie nahmen die nötige Menge Mehl und kneteten sie in einer flachen Holzschüssel *(ḫātiya)* zusammen mit Wasser, Salz und ggf. einigen würzigen Kräutersamen zu Teig. Aus diesem formten sie große runde,
Abb. 39 möglichst dünne Fladen, indem sie das schon flachgedrückte Teigstück durch Hin- und Herwerfen zwischen beiden Handflächen nach allen Seiten hin dehnten. Dieser Fladen wurde dann auf den über der Feuerstelle erhitzten *ṣāǧ* geworfen und nach kurzer Zeit gewendet.

Abb. 39
Brotteigschüssel *(bāṭiya)*. Aus einem Stück Holz angefertigt. Diese Schüsseln wurden nicht von den Beduinen selber, sondern von dörflichen Handwerkern hergestellt. Sie sind heute sehr selten.
∅ = 51 cm
Wasserkrug *(ǧarra)*. Von städtischen oder dörflichen Handwerkern aus Ton hergestellt. Die Form dieser *ǧarra* ist für ganz Palästina charakteristisch.
H = 30,5 cm
Negev *(Hazayl, ʿAzāzma)*

Trinkwasser

Das wichtigste Getränk außer Milch war für die Beduinen das Wasser. Es stammte aus Brunnen, Zisternen und Regentümpeln und war oft brackig oder durch Staub und Sand verunreinigt. Nichtsdestoweniger wurde es von den Beduinen, die keine andere Wahl hatten, getrunken.

Um das Wasser kühlend aufzubewahren, benutzten die meisten Beduinen spezielle Wasserschläuche. Nur die relativ seßhaften Halb-Fallāḥīn des Negev wie z. B. die nördlichen *Tiyāhā* verwendeteten zum Aufbewahren und zum Trinken des Wassers ein bauchiges, mit einer Auslauftülle versehenes Tongefäß, die *ǧarra*. Die *ǧarra* war sonst vor allem für den Haushalt der richtigen Fallāḥīn typisch, da sie sich aufgrund ihrer leichten Zerbrechlichkeit nicht für den häufigen Transport eignete.

Gesellschaft und Kultur

Die Beduinen des Negev waren – wie alle Beduinen der arabischen Halbinsel – stammesmäßig organisiert. Der Stamm *(ʿašīra)* stellte eine politische Einheit dar, die über Krieg und Frieden entschied. Mehrere Stämme bildeten eine Konföderation, die aber z. T. nur eine nominelle Bedeutung hatte und oft keine politische Einheit darstellte.

Jedem Stamm stand ein *Šayẖ* (Pl. *Šuyūẖ*) vor. Seine persönliche Macht war im allgemeinen nicht sehr weitreichend. Ihr wurden einerseits durch das Amt eines Kriegsführers *(ʿaqīd)* und eines Richters *(ʿārifa)* und andererseits durch die Institution der Stammesversammlung Grenzen gesetzt. Diese Einrichtungen verhinderten im allgemeinen das Enstehen einer diktatorischen Machtausübung seitens eines *Šayẖ*. Wirtschaftlich gesehen stand der *Šayẖ* besser als seine Stammesgenossen dar, da er die Tribute der Fallāḥīn, der Kaufleute u. a., die im Stammesgebiet wohnten bzw. es durchreisten, erhielt. Von seinen eigenen Stammesgenossen durfte er allerdings keinen Tribut erheben. Seine wirtschaftliche Stellung verpflichtete ihn andererseits zu einer großzügigen Ausübung der Gastfreundschaft und zur Unterstützung von ärmeren Stammesgenossen.

Das Rechtswesen

Das Gewohnheitsrecht der Beduinen *(ʿurf)* wurde bis in die jüngste Zeit nicht schriftlich kodifiziert, sondern mündlich tradiert. Dadurch und auch inhaltlich unterscheidet es sich grundlegend von der *šarīʿa*, dem orthodoxen islamischen Recht. Während die *šarīʿa* ausgesprochen religiös geprägt ist und im Strafrecht dem Gedanken der Sühne/Strafe einen zentralen Platz einräumt, ist das Hauptanliegen des *ʿurf*, Konflikte zu bereinigen und zwischen den Konfliktpartnern zu vermitteln. Obwohl *ʿurf und šarīʿa* grundsätzlich unvereinbar waren, waren die jeweiligen staatlichen Autoritäten wider Willen dazu gezwungen, in den von ihnen nicht direkt beherrschten Gebieten das *ʿurf* als geltendes Recht zu dulden. Auf diese Weise blieben die Beduinen auch juristisch unabhängig.

Aus dem umfangreichen und keineswegs völlig einheitlichen Corpus des beduinischen Rechtes wollen wir nur einige besonders charakteristische Elemente, die für das Funktionieren der beduinischen Gesellschaft wesentlich waren, darstellen.

Schutzrecht

Das Schutzrecht umfaßte mehrere, sich z. T. inhaltlich überschneidende Schutzverhältnisse zwischen zwei oder mehreren Partnern. Das wichtigste Schutzverhältnis war das der *»daẖāla«*.

Die *daẖāla* läßt sich folgendermaßen definieren: Der werdende Schützling *(daẖīl)* ist entweder ein Fremder oder ein Stammesmitglied, der Hilfe und Schutz in einer schwierigen Angelegenheit, die sein eigenes Vermögen überschreitet, von einem anderen – möglichst einflußreichen – Beduinen fordert. Der Schutzsuchende wandte sich mit einer mehr oder weniger gleichlautenden Formel (»o N.N., ich bin dein Schützling!«) an seinen zukünfigen Schutzherrn oder an einen seiner Verwandten bzw. an seine Frau, indem er dabei ihn oder einen Gegenstand von ihm (oft eine Leine seines Zeltes) berührte. Nach dieser Berührung und der ausgesprochenen Forderung stand der Schutzsuchende bereits automatisch unter dem Schutz des Betreffenden. Eine Verweigerung des Schutzes war unmöglich, da eine derartige Handlungsweise die Ehre eines jeden Beduinen und die seiner Sippe befleckt hätte. Wenn ein Beduine sich für die Ausübung des Schutzes zu schwach fühlte, stellte er sich samt seinem Schüzling wiederum unter den Schutz eines Mächtigeren.

Die Beduinen unterschieden zwei Arten der *daẖāla:*

1. die *daẖāla* des Rechtes
2. die *daẖāla* des Blutes

Erstere umfaßte jegliches Schutzverlangen gegen eine Beeinträchtigung von Rechten. Wenn also ein Beduine beraubt wurde, wenn er beleidigt wurde, wenn er im Gebiet eines fremden Stammes trotz Geleitrecht bedroht wurde, aber auch, wenn er wegen eines von ihm begangenen Unrechtes bedroht wurde, wandte er sich entweder direkt an seinen Kontrahenten oder an einen in den Fall nicht verwickelten Beduinen, möglichst einen *Šayẖ*, und stellte sich in der oben beschriebenen Weise unter dessen Schutz. Der Schutzherr war dann – auch wenn es sich bei ihm um den Kontrahenten selber handelte – verpflichtet, seinen Schüzling vor aller Verfolgung zu bewahren und sein Anliegen zufriedenstellend zu erledigen.

Bei der *»daẖāla* des Blutes« handelte es sich um das Schutzverlangen eines Beduinen, der Blut vergossen hatte. Da in einem derartigen Fall automatisch die Blutrache angewendet werden durfte, mußte der Täter sich, seine Sippe und seine gesamte Habe augenblicklich unter den Schutz eines Dritten stellen. Der Schutzherr war nun verpflichtet, seinen *daẖīl* vor allen Nachstellungen der Blutracheberechtigten zu bewahren und die Angelegenheit – falls möglich – auf friedlichem Weg, d. h. durch Veranlassung eines Vergleiches (Blutgeldzahlung) lösen zu helfen.

Das Recht der *daẖāla* galt nicht nur innerhalb eines Stammes, sondern auch zwischen fremden, ja sogar zwischen verfeindeten Stämmen. So verhalf diese Institution, zusammen mit anderen hier nicht besprochenen Schutzbündnissen und zusammen mit dem Gastrecht, den Beduinen dazu, sich außerhalb ihres eigenen Stammes relativ sicher zu bewegen.

Gastrecht

Das Gastrecht *(ḍiyāfa)* ist eng mit dem Schutzrecht verwandt. Der Gast *(ḍayf)* war für eine gewisse Zeitdauer automatisch auch der Schützling seines Gastgebers.

Gast wurde ein Beduine, wenn er auf ein fremdes Zeltlager oder auf Hirten bzw. andere Reisende traf, und durch eine Grußformel aufgenommen wurde, oder wenn er gemeinsam mit ihnen etwas gegessen hatte. Die Grußformeln waren sehr ausführlich und bestanden aus einer Wechselrede zwischen Gast und Gastgeber.

Im Zeltlager wurde der Reisende Gast bei demjenigen Beduinen, vor dessen Zelt er abgestiegen war. Meistens stieg er vor dem Zelt des *Šayḫ* – das durch seine Größe und herausragende Lage gut erkennbar war – ab, da dieser vor allem die Pflicht der Gastfreundschaft auszuüben pflegte. Manchmal stritten sich die Lagerbewohner auch darum, wer den Gast aufnehmen durfte. Gäste zu beherbergen war ehrenvoll. Nach dem Absteigen begrüßen sich Gast und Gastgeber, und der Gast ließ sich im Männerabteil des Zeltes, das zugleich immer der Empfangsraum war, nieder. Ihm wurde dann als erstes Kaffee bereitet, und während er diesen zu sich nahm, begann die Frau (oder die Frauen) des Zeltherrn das Essen zuzubereiten. Der Gastgeber war verpflichtet, das Beste, was vorhanden war und was die Zeltbewohner selber selten aßen, nämlich Fleisch, aufzutischen. Man schlachtete ein Lamm, ein Zicklein, oder (allerdings nicht so häufig) ein Kamel, kochte das Fleisch und setzte es dem Gast zusammen mit Brotfladen, Reis und flüssiger Butter in einer großen Schüssel vor. Zu dem stets reichlich bemessenen Mahl fanden sich in der Regel auch die anderen Lagerbewohner ein. Der Gastgeber durfte nicht am Essen teilnehmen, sondern mußte seine Gäste bedienen.

Solange sich der Gast in dem Zelt seines Wirtes aufhielt, stand er unter dessen persönlichem Schutz. Das Gastrecht dauerte üblicherweise drei Tage; nachdem diese Frist abgelaufen war, gehörte es zum guten Ton, sich entweder einen neuen Gastgeber innerhalb des Zeltlagers zu suchen oder weiterzureisen. Aber auch nach der Abreise war der ehemalige Gast noch einige Zeit Schützling seines ehemaligen Wirtes: wenn er während dieser Zeit z. B. beraubt wurde, war sein gewesener Gastgeber verpflichtet, ihm das geraubte Gut zurückzuholen oder zu ersetzen. Um allen – eventuell raublüsternen – Fremden und Stammesangehörigen zu zeigen, daß sein Gast noch unter seinem Schutz stand, pflegte der Gastgeber dessen Reitkamel sein *wasm* (Stammes- und Clanzeichen) aufzumalen.

Die Gastfreundschaft galt ebenso wie das Schutzrecht auch für Feinde. Ein Beduine, der sich mit einem anderen Beduinen in Blutfehde befand, und zufällig dessen Gast geworden war, durfte während der oben beschriebenen Frist nicht angegriffen werden.

Blutrache

> »Die Institution der Blutrache gehört in den Gebieten, die einer festen Staatsmacht entbehren, zu den größten Wohltaten. Denn wenn man keinen Rächer hinter sich hätte, wäre man einzig auf Gott und sich selbst angewiesen und darum in ständiger Gefahr, das Leben gewaltsam zu verlieren.« (Musil, AP III, 359)

Die Existenz der Blutrache gab also dem Einzelnen – so paradox es klingt – eine größere Sicherheit und verhinderte wirksam (da es moralische Vorschriften im Sinn des christlichen 5. Gebotes nicht gab) ein schrankenloses Blutvergießen. Jeder wußte, daß ihn im Falle eines Mordes oder Totschlages die Verwandten des Opfers verfolgen und töten würden, und versuchte daher, derartige Bluttaten nach Möglichkeit zu vermeiden.

Die Schutz- oder Rachegemeinschaft, die ständig hinter jedem einzelnen Beduinen stand, um ihn im Falle seines Todes zu rächen bzw. um im Falle eines von ihm begangenen Mordes oder Totschlags für ihn einzustehen, war die sog. *ẖamsa*. Zu der *ẖamsa* (wörtlich: fünf) eines Mannes gehörten alle seine Verwandten in der männlichen Linie bis zum fünften Grad.

Für das Inkrafttreten der Blutrache war es gleichgültig, ob der Tod des Opfers absichtlich (Mord) oder unbeabsichtigt (Totschlag) verursacht worden war. Die *ẖamsa* des Toten wurde in jedem Fall gleichermaßen aktiv.

Wenn sich der Totschlag bzw. Mord innerhalb eines Stammes oder einer Lagergemeinschaft ereignet hatte, flüchtete die *ẖamsa* des Täters sofort und stellte sich und ihr Gut unter den Schutz eines mächtigen Beduinen. Das war notwendig, um dem sog. *»šaʿat ad-damm«*, dem »Überwallen des Blutes« zu entgehen: mit diesem Ausdruck bezeichnete man eine ein bis drei Tage lang dauernde Zeitspanne, während der die Verwandten des Opfers das Recht hatten, alle anzutreffenden Verwandten des Täters (außer Frauen und Kindern) zu töten sowie den gesamten erreichbaren Besitz des Täters zu rauben. Nach Ablauf dieser Frist durfte nur noch die ›normale‹ Blutrache angestrebt werden, d. h., man versuchte den Täter selbst oder ein Mitglied seiner *ẖamsa* zu töten.

Die *ẖamsa* des Täters blieb solange unter dem Schutz von anderen Beduinen, bis die Verwandten des Opfers dem Abschluß eines Rechtsstillstandes *(ʿaṭwa)* zustimmten. Während der *ʿaṭwa* wurde dann ein Vergleich zwischen den beiden verfeindeten *ẖamsāt* ausgehandelt. Er lief im allgemeinen darauf hinaus, daß die Verwandten des Täters das sog. Blutgeld *(dīya)*, das laut ʿĀrif unter Stammesgenossen aus 40 Kamelen oder deren Gegenwert in Geld bestand, entrichteten. Nach der Annahme der *dīya* hatte die *ḫamsa* des Opfers kein Recht mehr auf die Ausübung der Blutrache. Während ein Mord oder Totschlag, der sich innerhalb eines Stammes ereignete, mehrheitlich auf die beschriebene Weise gütlich beigelegt wurde, hatte eine derartige Tat, wenn sie zwischen Stammesfremden vorkam, oft eine langandauernde

Abb. 40
Beduinenreiter in Mittelpalästina (Ebene Esdralon). Er ist mit der charakteristischen Waffe der berittenen Beduinen, der übermannslangen Lanze, bewaffnet.
Nach: Ebers-Guthe (1884)

Blutfehde zur Folge. Die Verwandten des Opfers töteten einen aus der *ḫamsa* des Täters, woraufhin letztere wiederum ein Mitglied der *ḫamsa* des ersten Opfers umbrachten. Diese Kette von Vergeltung und Wiedervergeltung konnte sich endlos fortsetzen.

Richteramt

Die Beduinen versuchten, viele Rechtsfälle durch einen privaten Vergleich zu lösen. Manche Streitigkeiten ließen sich aber – besonders wenn der Sachverhalt von den beteiligten Parteien unterschiedlich dargestellt wurde – auf diese Weise nicht beendigen. In einem derartigen Fall wandten sich die Betroffenen an einen Richter, was allerdings nur in gegenseitigem Einverständnis möglich war. Eine Partei allein konnte den Richter im allgemeinen nicht anrufen.

Das Amt des Richters *(ʿārifa)* war in bestimmten Familien oder auch Stammesgruppen erblich und fast immer vom Amt des *Šayḫ* unabhängig. Es gab mehrere Richter in jedem Stamm, die jeweils für verschiedene Rechtssachen wie Blutrache, Ehrverletzungen, Diebstahl, etc. zuständig waren. Der Richter erhielt für seine Amtsführung von den Prozeßbeteiligten ein Honorar, dessen Höhe je nach Art der verhandelten Rechtssache verschieden war. Mit der Annahme des Honorars verpflichtete sich der Richter, nach dem Abschluß der Rechtsfindung einen Schiedsspruch zu fällen, der allerdings eher eine Empfehlung als ein Urteil darstellte. Diese Empfehlung mußte von den Betroffenen nicht angenommen werden; wenn einer oder beide zugleich nicht damit einverstanden waren, gingen sie mit ihrem Fall zu einem anderen Richter. Dieses In-Berufung-Gehen konnte mehrmals (theoretisch solange das Geld der Kontrahenten reichte) wiederholt werden.

Der *ʿārifa* besaß keine Exekutivgewalt, und es gab auch keine der Polizei vergleichbare Institution, die die Ausführung eines Richterspruches hätte erzwingen können. Das Urteil wurde also nur durch seine Annahme seitens der Konfliktparteien rechtskräftig. Aber die öffentliche Meinung oder der *Šayḫ* eines Stammes übte oft einen gewissen Druck auf die Kontrahenten aus, ein Urteil anzunehmen.

Für die Ausführung eines einmal akzeptierten Schiedsspruches standen die von beiden Parteien vor dem Verfahren benannten Bürgen ein.

Raubzüge

Raubzüge *(ġazawāt)* spielten in der Zeit vor der Befriedung und Unterwerfung der *Abb. 40*
Wüste durch die europäischen bzw. einheimischen Mächte in diesem Jahrhundert eine gewichtige Rolle im wirtschaftlichen und politischen Leben der Beduinen.

Auch die beduinische Dichtung beschäftigte sich bevorzugt mit der Schilderung und Verherrlichung von *ġazawāt*.

Der offen ausgeführte Raubzug galt – im Gegensatz zum heimlichen Diebstahl – als ehrenvoll; sich auf diesem Weg zu bereichern, verschaffte einem Ansehen und Gefolgschaft. Sobald ein Junge alt genug war (im allgemeinen etwa 13 oder 14 Jahre), beteiligte er sich an den Raubzügen, um Beutegut und Ehre zugleich zu erlangen.

Die Raubzüge unterschieden sich voneinander nach Größe und Ausführung. Es gab sehr kleine Unternehmungen, die nur drei bis vier Teilnehmer umfaßten, die sich oft zu Fuß auf den Weg machten. Die eigentlichen *ġazawāt* wurden jedoch von Berittenen ausgeführt, und die Zahl der Teilnehmer war erheblich größer. Sehr große Raubzüge, die allerdings selten vorkamen, konnten mehrere hundert Beduinen umfassen.

Jeder Raumzug hatte einen Führer, den *ʿaqīd*. *ʿaqīd* eines kleineren Raubunternehmens konnte jeder Teilnehmer werden, der sich schon früher durch Tapferkeit und strategisches Geschick ausgezeichnet hatte. Die größeren Züge wurden von einem in jedem Stamm amtsmäßig fungierenden *ʿaqīd* organisiert. Dieser *ʿaqīd,* der durch sein Amt erheblichen Einfluß im Stamm besaß bzw. erlangen konnte, war nicht notwendig mit dem *Šayḫ* dieses Stammes identisch. Der *ʿaqīd* entwickelte den Plan des Raubzuges, forderte alle Interessenten zur Teilnahme auf und galt während des gesamten Unternehmens als meist unangefochtener Befehlshaber der Truppe. Er war
Abb. 41 verantwortlich für den Ausgang und trug – im Falle des Erfolges – den meisten Ruhm davon. Auch sein Anteil an der gemachten Beute war größer.

Das Ziel der Raubzüge waren vor allem die Herden, in erster Linie die Kamelherden, eines möglichst weit entfernt lagernden Stammes. Der Anmarschweg betrug oft mehrere hundert Kilometer. Er wurde im allgemeinen auf Kamelen zurückgelegt; falls Pferde vorhanden waren, wurden sie an die Kamele angehalfert mitgeführt und erst im Augenblick des eigentlichen Angriffs bestiegen. Pferde waren, was die Wendigkeit und Lenkbarkeit anging, den Kamelen weitaus überlegen. Dagegen eigneten sich Kamele vorzüglich für die langen ermüdenden Anmarschwege. So ergänzten sich Pferd und Kamel bei den Raubzügen auf ideale Weise.

Kurz vor dem Angriff legte sich ein Teil des Trupps in den Hinterhalt, um eventuelle Verfolger abzufangen, während der andere Teil nach genauer Auskundschaftung der Örtlichkeiten einen Überraschungsangriff unternahm und möglichst viel Vieh wegtrieb. Alles mußte sehr schnell vor sich gehen, damit der Feind sich nicht sammeln und sein Gut zurückerobern konnte. Um keine Blutrache zu provozieren, wurde während des gesamten Unternehmens jedes Blutvergießen, so gut es ging, vermieden. Wenn allerdings zwischen dem beraubten und dem raubenden Stamm bereits früher Blut geflossen und noch nicht ›beglichen‹ war, oder wenn zwischen beiden Stämmen regelrechter Krieg *(ḥarb)* herrschte, nahm man keine derartigen Rücksichten.

Nach erfolgreichem Angriff und eventuellem Zurückschlagen einer Verfolgertruppe galt es, die Beute so schnell als möglich sicher nach Hause zubringen. Der Rückmarsch ging meist ebenso hastig wie der Anmarsch vor sich und forderte die letzten Kraftreserven der erschöpften Raubzügler. Oft passierte es ihnen auf dem Rückmarsch, daß sie von einem anderen Raubzug, dem sie zufällig über den Weg liefen, überrascht wurden und ihrer Beute wieder verlustig gingen.

Abb. 42

Aber nicht nur bestimmte entfernte Lager wurden das Ziel von Raubzügen; auch alle Menschen, denen die Beduinen unterwegs begegneten und mit denen sie in keinem Schutzverhältnis standen (s. Kapitel »Rechtswesen«), konnten von ihnen beraubt werden. Auf diese Weise überfallene Hirten, Reisende u. a. wurden gewöhnlich ihrer gesamten Habe – einschließlich der Kleider – beraubt, aber nicht gefangengenommen. Da sie wußten, daß die Räuber nur nach ihrem Gut, aber nicht nach ihrem Leben trachteten, leisteten sie im allgemeinen keinen Widerstand. Sie bemühten sich stattdessen, ihrerseits – falls sich eine Gelegenheit ergab – auf Raub auszugehen, um den erlittenen Schaden wieder wett zu machen.

Abb. 43
Abb. 44

Während des 19. Jahrhunderts richteten sich die Raubzüge der Negev-Beduinen oft gegen jene Stämme, die östlich des Jordantales bzw. östlich der *ʿAraba* lebten. Robinson (1856) berichtete, daß sich Teilnehmer aus mehreren Stammeskonförderationen *(Tiyāhā, Tarābīn, Ẓullām und ʿAzāzma)* zu gemeinsamen Raubzügen gegen die östlich wohnenden Nomaden zusammenschlossen. Auch mit den Bewohnern der Berge um *al-Ḫalīl* hatten bestimmte Gruppen, z. B. die *Ẓullām*, ständige Scharmützel.

Dichtung und Gesang

Die einzige entwickelte Kunst bei den Beduinen war die Dichtung. Andere Kunstarten wie z. B. Malerei, Schnitzkunst u. a. m., die bei vielen Völkern eine mehr oder weniger große Rolle spielten, wurden von den Beduinen selbst nicht betrieben und

◁ Abb. 41
Zwei Beduinendolche. Die Form dieser Dolche (gerade Klinge) ist in Südpalästina erst in neuerer Zeit üblich; früher waren größere Krummdolche in Gebrauch. Der Dolch war eine der wichtigen Waffen der Beduinen. Heute dient er nur noch als Statussymbol bzw. zum Schlachten von Tieren.
L = 24,4 cm (links) L = 28,5 cm (rechts)
Negev

fanden in ihre Kultur nur in Form von durch den Handel erworbenen Stücken (wie z. B. die geschnitzten Holzmörser für Kaffee) Eingang.

Abb. 42
Beduine, mit langer Feuersteinschloßflinte bewaffnet. Die Beduinen der bergigen Regionen des Negev und des südlichen Transjordanien besaßen als Hauptwaffe – im Gegensatz zu den in den Ebenen wohnenden Beduinen – nicht die Lanze, sondern das Gewehr.
Transjordanien, 1. Hälfte des 19. Jh.
Nach Bartlett (1862)

Abb. 43
Pulverhorn. Besteht aus dem Magen eines Tieres. Hier fehlt das Gehänge und der Stöpselverschluß. Man trug das Pulverhorn über einer Schulter.
L = 22,5 cm
Negev *(ʿAṭāwna)*

Es gab bei den Beduinen spezialisierte Dichter, die namentlich bei vielen Stämmen bekannt und berühmt waren. Sie dichteten vor allem Gedichte zu Ehren eines bestimmten Stammes und seines *Šayḫ*, die sie ihnen dann vortrugen. Dafür erwarteten und erhielten sie im allgemeinen Geschenke von dem betreffenden *Šayḫ*; wenn er in dieser Hinsicht enttäuscht wurde, verfaßte der Dichter oft ein Spottgedicht auf den *Šayḫ*, in dem er dessen Geiz und weitere negative Eigenschaften von ihm anschaulich und hohnvoll schilderte. Aus diesem Grund waren die *Šuyūḫ* gewöhnlich den Dichtern gegenüber sehr freigebig.
Außer diesen Dichtern gab es noch etliche andere Beduinen, die nur gelegentlich und durch ein besonderes Ereignis bewegt, ein Gedicht komponierten.
Der Dichter und der, der Dichtung vorträgt, heißt *šāʿir*. Die für die beduinische Dichtung typischen Gedichte sind die sog. Kasiden *(Qaṣāʾid)*, die innerhalb der arabischen Dichtung auf eine sehr alte Tradition zurückblicken können. *Qaṣāʾid* bildeten schon die Grundlage für die vorislamische arabische Dichtkunst. Eine

beduinische *Qaṣīda* ist nach Musil (1908) eine poetische Erzählung in Versen, die – durch lange Passagen von metaphorischen Schilderungen unterbrochen – entweder eine Schlacht beschreibt oder Tapferkeit und Ruhm eines Stammes und seines

Abb. 44
Steinschleuder *(miqlaʿ)*. Aus roter und weißer Wolle geflochten. Man legte den Stein in das breite Mittelstück ein. Schleudern dieses Typs sind im ganzen Orient verbreitet; heute werden sie nicht mehr als Waffe verwendet.
L = 180 cm
Negev

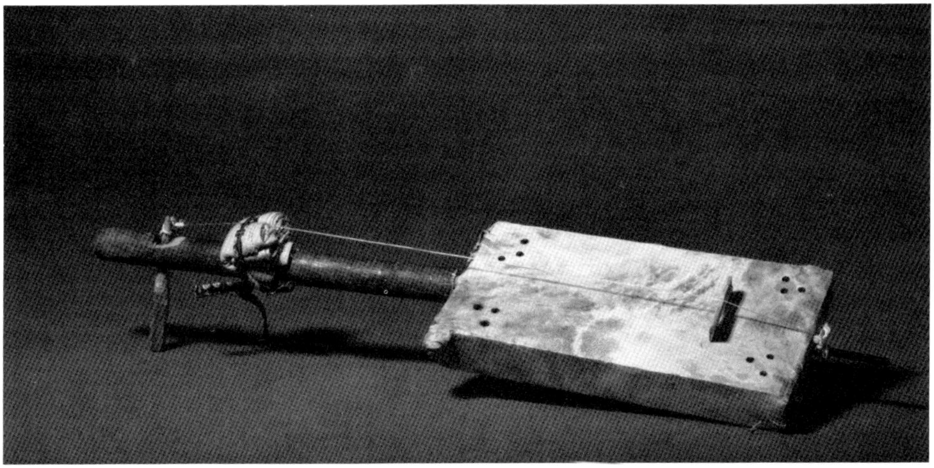

Abb. 45
Einsaitige Geige *(rbāba)*.
L = 55 cm
Negev *(ʿAṭāwna)*

Šayḫ verherrlicht. Es waren meist Gelegenheitsgedichte, die nach einer gewissen Zeit in Vergessenheit gerieten, da ihr Inhalt nur für die Zeitgenossen von Interesse war. Die *Qaṣā'id* waren relativ lang und wurden nicht auf einmal, sondern nach und nach gedichtet. Wenn eine *Qaṣīda* fertig war, wurde sie bei den abendlichen oder nachmittäglichen Versammlungen einer Lagergemeinschaft vorgetragen.

Abb. 45 Zum Vortrag der *Qaṣīda* begleitete sich der Dichter oder der Rezitator fremder Dichtung meist auf der *rbāba*, einer einsaitigen Geige.

Die *rbāba* besteht aus einem rechteckigen Holzrahmen, der mit einer Tierhaut, meist einer Ziegenhaut, beidseitig bespannt ist, und aus einem längeren Holzarm. Die einzige Saite wird – ebenso wie die Bespannung des Geigenbogens – aus Haaren vom Schweif eines Pferdes hergestellt. Die besten Geigen wurden früher von wandernden Zigeunern produziert. Aber auch jeder Beduine verstand es, eine, wenn auch *Abb. 46* nicht so gute, *rbāba* zu bauen. Gespielt wurde die *rbāba*, indem der sitzende Spieler *(s. S. 89)* das in der linken Hand gehaltene Instrument halb senkrecht vor sich stellte und den mit der Rechten waagrecht gehaltenen Bogen über die Saite führte.

Über die Rezitationsweise einer Qaṣīda schrieb Musil (1908) folgendes: »Der Sänger rezitiert die einzelnen Verse derart, daß er mehrere Silben verschluckt, die wichtigsten Namen herausschreit und betont, die letzten Worte im Fistelton hebt und in die Länge zieht, welchem Vorgange er auch die Töne seines Instrumentes anpaßt. Die Zuhörer wiederholen gewöhnlich das letzte Wort.«

Als Beispiel für eine *Qaṣīda* sei das Werk eines unbekannten Dichters von den *Tarābīn*, das Musil bruchstückhaft um die Jahrhundertwende aufzeichnete, angeführt:

»1. O du Reiter einer Fuchsstute mit gleichmäßigen weißen Malflecken an den Füßen,
welche dem auf der Waage geteilten Golde gleichen
2. und umgeben die zierlichen Hufe wie Fesseln;
wenn sie anstürmt, gleichen ihre Ohren den Flügelfedern des Adlers,
3. und ihren Schweif kann man mit zwei Spannweiten nicht ausmessen.
Es ruft ihr zu aus Furcht vor Straucheln der Reiter,
4. und trägt auf ihr einen Säbel, der sich von selbst aus der Scheide nicht herauszieht
und eine gefräßige (Lanze), die auf die Flanken stößt
5. und trägt auf ihr eine Doppelpistole, die immer geladen ist,
die nicht losgeht, außer auf seinen Druck – und nicht heimtückisch.«

Diese *Qaṣīda* rühmt einen Krieger, indem sie sein Reittier und seine Waffen verherrlicht.

Außer den *Qaṣā'id* gab es bei den Beduinen noch andere kürzere Gedichtarten und in Verse gesetzte Lieder. Dazu gehörten z. B. Stehgreifgedichte, gereimte Rätsel, Lieder, die man beim Wasserschöpfen am Brunnen sang *(ḥadāwi)*, Lieder, die beim Reiten oder vor einem Kampf gesungen wurden u. a. m. Die Lieder wurden mit einer einfachen Melodie und ohne instrumentale Begleitung gesungen.

Abb. 46
Rbāba-spielender Beduine. Man sieht die charakteristische, halbsenkrechte Haltung der Geige.
Photo: S. Gidal

Abb. 51
Kamelreitende Beduinen; erkennbar sind die Kamelsatteltaschen.
Photo: S. Gidal

◁ Abb. 50
Kamelsatteltasche *(ḫurǧ)*. Aus Schafwolle und Ziegenhaar gewebt. Grundgewebe mit musterbildender Kette; dazwischen Querstreifen mit musterbildendem Eintrag (Schuß). Unten lange Troddeln aus Ziegenhaar. Derartige Taschen wurden über den hölzernen Kamelsattel gelegt, und zwar so, daß die beiden Sattelknäufe durch die zwei oberen Schlitze ragten.
Besonders beliebt an diesen Satteltaschen waren die langen Troddeln, die beim Reiten hin und her pendelten.
L = 137 cm (eine Seite)
Negev *(ʿAṭāwna)*

Legenden zu den Farbabb. S. 92–96 s. S. 97

Seite 92:
Abb. 55
Sitzender Beduine, in *ʿabāya* und *kafiyya* gekleidet.
Photo: S. Gidal

Seite 93:
Abb. 56
Frauenkleid mit Spitzärmeln *(ṯōb abū ridān)*. Aus schwarzem Baumwollsatin, reich mit Kreuzstichstickerei verziert. Bei den Mustern handelt es sich um traditionelle geometrische Muster. Sie sind überwiegend in Rot- und Orangetönen gehalten.
L = 130 cm L (d. Ärmels) = 113,5 cm
Negev *(ʿAṭāwna)*

Seite 94:
Abb. 57
Ausschnitt der Kreuzstichstickerei von Kleid Abb. 56

Seite 95:
Abb. 59
Gesichtsgehänge für Frauen *(burqaʿ)*. Beschreibung siehe Text.
Br (d. Stirnbandes) = 5 cm L (d. Münzkette) = 20 cm
Negev *(ʿAṭāwna)*

Seite 96:
◁ Abb. 61
Halskette mit Gewürznelken *(qilādat al-qrunful)*. Derartige Ketten waren bei Beduinen und Fallāḥīn Palästinas sehr beliebt. Die Kette besteht aus Nelken, verschiedenen Perlen, Perlmuttstücken und bunten Seidenquasten.
L = 40 cm
(Leihgabe T. Held)

Abb. 47
Beduinenfrau zupft Rohwolle (Ziegenhaar).
Photo: T. Gidal (mit freundlicher Genehmigung)

Handwerk und Handarbeit

Spinnen und Weben

Die Webkunst war bei den kleinviehzüchtenden Beduinen relativ hoch entwickelt. Sie stellte neben der Herstellung von Schläuchen praktisch das einzige von den Beduinen selbst betriebene Handwerk dar.
Weben und Spinnen war Aufgabe der Frauen.

Spinnen

Abb. 47 Nachdem die Schafe und Ziegen geschoren worden waren, was von den Männern besorgt wurde, nahmen die Frauen die Wolle, schlugen sie mit einem Stöckchen und zupften sie mit der Hand, um eine spinnbare längliche Wulst herzustellen.
Gesponnen wurde mittels einer hölzernen Handspindel *(maġzal)*. Sie bestand aus einem 25 bis 35 Zentimeter langen Schaft und einer – oval oder kreuzartig geformten – auf den Schaft aufgesetzten Wirtel, an der oben ein metallener Haken angebracht war.

Abb. 48 Die zu spinnende Wollwulst wurde mehrfach um das linke Handgelenk gewickelt und dann durch die Spindel nach und nach in einen dünnen Faden gedreht. Dabei wurde die Spindel zuerst mit dem Schaft auf dem rechten Oberschenkel gerollt und anschließend spinnend fallengelassen. Wenn so eine Fadenlänge fertig gesponnen war, wurde sie um den Schaft gewunden, und der Spinnvorgang begann von neuem. Das so erhaltene Garn war relativ dünn. Da die Beduinen für die meisten von ihnen hergestellten Gewebe, vor allem für die Zeltbahnen, dickeres Garn benötigten, wurden je zwei oder auch drei solcher dünnen Fäden zu einem dicken Faden zusammengedreht. Dieses Drehen geschah ebenfalls mit Hilfe einer Spindel.

Weben

Gewebt wurde bei den Beduinen mittels eines einfachen horizontal auf der Erde liegenden Webrahmens, dem *naṭu*. Er bestand eigentlich nur aus verschieden dicken Holzstöcken und erhielt seine charakteristische Form erst durch das Aufspannen der Kettfäden.

 Der Prozeß des Aufbauens verlief folgendermaßen: man spannte die Kettfäden in

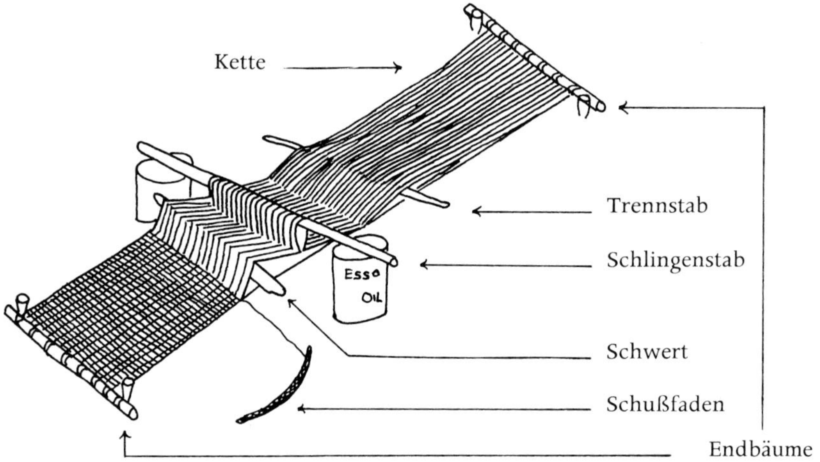

Abb. 49
Zeichnung eines Webstuhls *(naṭu)*.
Vereinfacht nach Weir (1976)
Zeichnung: F. Korsching

der benötigten Länge (bei Zeltbahnen z. B. ca. 7 Meter) und Breite zwischen zwei runden Holzstäben auf, die dann ihrerseits mit Stricken an den auf der Erde festgepflockten Endbäumen befestigt wurden. Die aufgespannten Kettfäden wurden dann durch den Trenn- und den Schlingenstab (Litzenstab) in zwei voneinander abgehobene Lagen getrennt. Der Schlingenstab hielt immer dieselbe Kettfadenschicht hoch; der zum Weben erforderliche Wechsel der beiden Lagen von oben nach unten und umgekehrt geschah durch einzelnes mühevolles Hochholen der *Abb. 49* jeweils unteren Fäden mit der Hand. Ein sog. Holzschwert hielt die wechselseitig getrennten Lagen auseinander.

Der Schußfaden wurde dann mittels eines länglichen Stabes, um den er gewickelt war, durch die Kette geschoben. Zum ›Festschlagen‹ des Schusses gegen das bereits

◁ Abb. 48
Spindel *(maġzal)* mit Schafwolle. Unten fertig gesponnene Schafwolle.
L = 36,5 cm
Negev *(Hazayl)*

Abb. 52a
Bodendecke, aus buntgefärbter Schafwolle gewebt. Bindung mit musterbildender Kette; die Kettfäden sind verschieden eingefärbt.
Für den Negev heute typische Bodendecke.
L = 2 m   Br = 70 cm
Abb. 52b
Markttasche. In verschiedenen Rottönen und in Weiß gewebt. Bindung mit musterbildender Kette.
L = ca. 65 cm   Br = 50 cm
Negev

gewebte Stück benutzte man ein Gazellenhorn oder einen eisernen Haken. Mit dem gebogenen Ende dieses Instruments fuhr man unter 4 bis 5 Kettfäden der obenliegenden Schicht und zog kraftvoll in Richtung auf das Gewebte an. Dieses ›Festschlagen‹ war vor allem bei der Herstellung von Zeltbahnen wichtig, da dieses Gewebe sehr fest sein mußte.

Abb. 50,
(s. S. 90,
Abb. 52 a

Die Bewohner Südpalästinas und der angrenzenden Gebiete (Sinai, südliches Transjordanien) besaßen eine im großen und ganzen einheitliche Tracht, die sich mehr oder weniger deutlich von der benachbarter Gebiete abhob. Die regionalen Eigentümlichkeiten waren jedoch hauptsächlich nur für die Kleidung der Frauen kennzeichnend, während die männliche Tracht in weiten Teilen der arabischen Halbinsel einheitlich war.
Die Kleidung der Beduinen des Negev umfaßt folgende Grundelemente:

Tracht der Männer
Das wichtigste – und bei ärmeren Beduinen fast das einzige – Gewand war ein knöchel- oder wadenlanges weites Hemd, der *ṯōb*. Er besaß meist sehr lange und weite Spitzärmel, die entweder frei herabhingen oder hinter dem Hals zusammengeknotet wurden. Leider besitzt unsere Sammlung keinen derartigen traditionellen *ṯōb*. Eine Schnittzeichnung soll daher das Aussehen dieses Kleidungsstücks verdeutlichen:

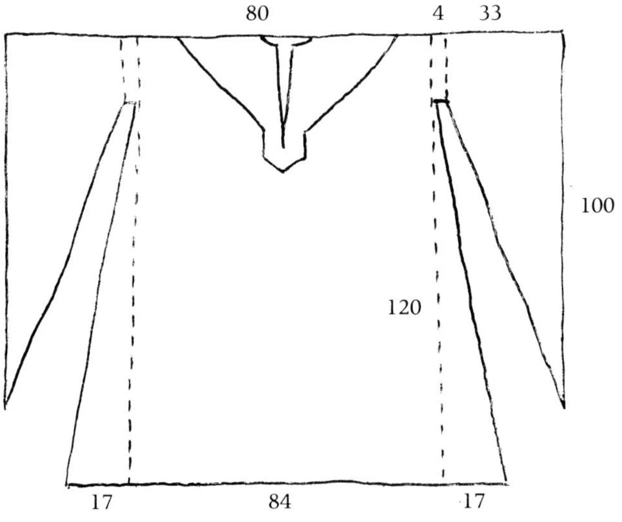

Zeichnung nach G. Dalman, Arbeit u. Sitte in Palästina Bd. V, Abb. 42
Maße in Zentimetern angegeben

Über dem *ṯōb* wurde von den wohlhabenderen Beduinen der auch bei den Fallāḥīn

und Städtern Syriens und Palästinas übliche *qumbāz* getragen. Es handelt sich um

ein knöchellanges, vorne von oben bis unten offenes Gewand, dessen Ärmel lang, *Abb. 53* relativ eng und am Ende auf einer Länge von 10 bis 15 cm geschlitzt sind. Beim Tragen wird die rechte vordere Seite über die linke geschlagen und mittels einer Kordel o. ä. befestigt. Der *qumbāz* war meist aus Seide oder aus einem Seide-Baumwoll-Gemisch gefertigt; die Stoffe wurden hauptsächlich in Syrien handgewebt.

Der *qumbāz*, bzw. wenn er fehlt, der *ṯōb*, wurde durch einen wollenen oder ledernen Gürtel zusammengehalten.

Als Kopfbedeckung trugen die Beduinen die *ḥaṭṭa* oder *kafiyya*, ein quadratisches, zu einem Dreieck zusammengefaltetes Tuch. Es wird so auf den Kopf gelegt, daß eine Tuchecke über den Rücken hinabfällt, die beiden anderen vor den Schultern. An den Rändern der *kafiyya* werden fast immer die aus den Webfäden (Kette) bestehenden Fransen, die teilweise zu kleinen Troddeln gedreht werden, stehengelassen. Früher wurden oft – vor allem von wohlhabenderen Beduinen und Städtern – seidene oder halbseidene, bunt gemusterte oder auch kunstvoll bestickte Kopftücher getragen; heute sind meist nur einfache baumwollene Sorten üblich.

Auf dem Kopf festgehalten wird die *kafiyya* mittels des *ʿaqāl*, einer kreisförmigen, 1 bis 3 cm dicken Wulst, die in einer doppelten Schlinge um das Haupt gelegt wird. Die beiden vorderen Zipfel der *kafiyya* können bei Bedarf unter dem *ʿaqāl* festgesteckt werden.

Als Fußbekleidung trugen die Beduien – falls sie nicht, wie es meistens der Fall war, barfuß gingen – einfache Sandalen, die sie aus Kamelhaut selbst herstellten. Wohlhabende Beduinen trugen, vor allem im Winter und beim Reiten, manchmal Stiefel *(ǧazma)*.

Abb. 54 Als Universalkleidungsstück wurde über dem *ṯōb* bzw. *qumbāz* von allen Beduinen ein sehr weiter Mantel, die *ʿabāya*, getragen. Es handelt sich um einen Mantel ohne eigentliche Ärmel. Auf dem Boden ausgebreitet hat er die Form eines Rechteckes.

Der Stoff für die *ʿabaya* wurde aus Kamelhaar, Schafwolle und Ziegenhaar, manchmal auch aus Baumwolle gewebt. Die Schulternähte, die Ärmellöcher und die Partien *Abb. 55* um den Halsausschnitt waren oft mit Golddrahtstickereien geschmückt.

(s. S. 92) Man trug zwei Arten der *ʿabaya:* eine leichtere während des Sommers und eine schwere, aus dickem Wollfaden gewebte, in der kühlen Jahreszeit.

◁ Abb. 53
Männergewand *(qumbāz)*.
Besteht aus länglich gestreiftem (weiß, blau, schwarz, braun) Außenstoff und weißem Nesselstoff als Futter.
L = 128 cm Br (oben, mit Ärmeln) = 130 cm
Negev *(ʿAzāzma)*

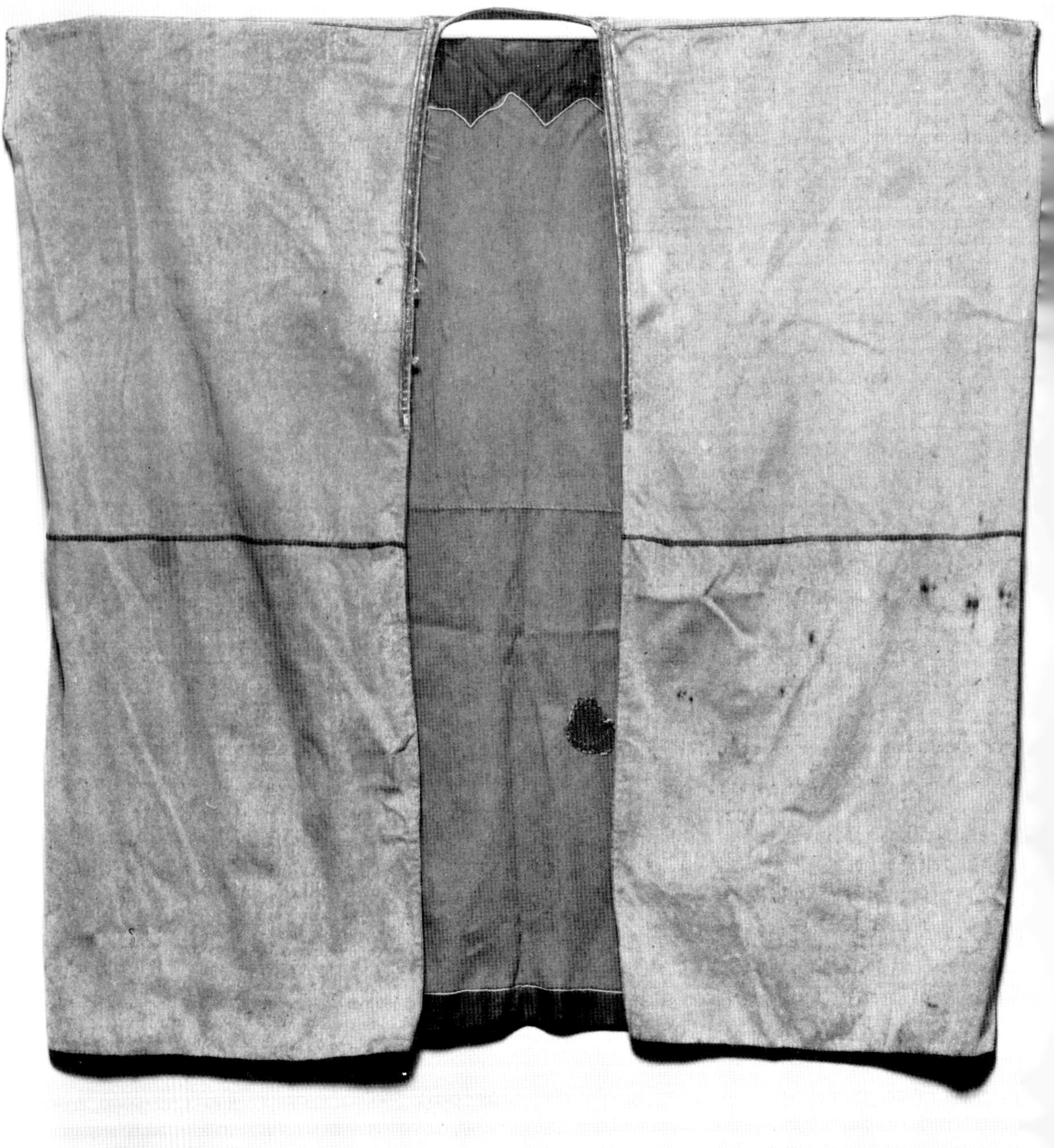

Diese Mäntel wurden im allgemeinen auf den vertikalen Webstühlen von Berufswebern in den Städten und gewerbetreibenden Dörfern – oft außerhalb Palästinas – hergestellt. Berühmte Zentren für das Weben solcher Mäntel waren die wegen ihres Textilhandwerks bekannten Städte Syriens.

Tracht der Frauen

Die Kleidung der Beduinenfrauen des südlichen Palästina weist einige Besonderheiten auf, die sich bei der der Beduininnen der nordarabischen Steppen nicht wiederfinden, sondern an die bäuerliche Tracht in Mittel- und Südpalästina erinnern.

Das Gewand der Beduinenfrauen war ein fußlanges Spitzärmelhemd aus dunkel-
Abb. 56 blauem oder schwarzem Baumwollsatin. Die Ärmel sind sehr lang – oft fast genauso
(s. S. 93) lang wie der Rumpfteil des Kleides –, deshalb wird dieses Kleidungsstück *»abū ridān«* (»der mit den Ärmeln«) genannt. Der *ṯōb* ist mehr oder weniger reich mit Kreuzstich-Stickerei geschmückt, wobei das Stickgarn aus Seide oder Baumwolle sein kann. Im allgemeinen herrschen Rottöne vor, ältere Frauen tragen allerdings
Abb. 57 meist blaue Stickereien. Die Motive der Stickerei sind stark von denen der bäuer-
(s. S. 94) lichen Kleider Süd- und Mittelpalästinas beeinflußt.

Einen anderen Typus des Frauengewandes stellt der engärmelige *ṯōb* dar: sein hervorstechendstes Merkmal sind – besonders in der südwestlichen Küstenzone Palästinas – die langen, engen Ärmel. Es handelt sich also hier nicht um das typisch
Abb. 58 beduinische ṯōb. Engärmelige Frauengewänder sind sonst in Palästina eher selten; verbreitet waren sie im *Ġawr* (Jordantal) und im nördlichen Palästina.

Das Kleid wurde von einem wollenen Gürtel verschiedener Breite zusammengehalten. Diese geflochtenen Gürtel *(gīš* oder *swaḥīya)* waren sehr lang und wurden mehrmals um die Taille gewickelt.

Verschleiert im eigentlichen Sinne gingen die Beduinenfrauen des Negev meist nicht; sie – vor allem die älteren – trugen statt eines Tuchschleiers ein Münzgehänge *(burqaʿ)* vor dem Gesicht, das Augen und Mund freiließ.

Die *burqaʿ* besteht aus einem breiten, dicht mit Kreuzstichen bestickten Stirnband, von dem über der Nasenwurzel zwei mit Münzen besetzte Bänder herunterhängen.

◁ Abb. 54

Männermantel *(ʿabāya)*. Aus ockerfarbenem Kamelhaar gewebt und mit Golddrahtstickereien verziert.

Vermutlich in Transjordanien hergestellt.

L = 138 cm Br = 142 cm

Negev *(ʿAṭāwna)*

Abb. 58
Frauenkleid mit engen Ärmeln. Aus schwarzem Baumwollstoff, mit Kreuzstich-stickerei sparsam verziert. Alltagskleid.
L = 142 cm
Negev (*ʿAṭāwna*)

Sie verlaufen seitlich über die Wangen bis zu den Kinnbacken und werden durch je ein mit dem Kopfband verbundenes Silberkettchen in dieser Position gehalten. Rechts und links sind am Stirnband in Schläfenhöhe zwei freihängende Perlengeflechte angebracht.

Bei den an der *burqaʿ* (Abb. 59) befestigten Münzen handelt es sich überwiegend um osmanische Silbermünzen, die die *tuǧra* (Unterschrift) verschiedener Sultane tragen. Diese Münzen stellten einen Teil des Brautpreises dar, den die Trägerin anläßlich ihrer Hochzeit erhielt.

Abb. 59 *(s. S. 95)* Die *burqaʿ* des beschriebenen Typus war charakteristisch für die Frauentracht des Negev und der Gegend um *Ġazza*. Die Sitte, Gesichts- und auch Kopfbedeckungen mit Münzen zu verzieren, war etwas weiter verbreitet; sie kam aber hauptsächlich nur in den benachbarten Gebieten – vor allem Sinai, den Bergländern Transjordaniens sowie Teilen des Ḥiǧāz – vor.

Auf dem Kopf wurde entweder ein schwarzes Tuch oder eine ebenfalls schwarze, unverzierte *ʿabāya* getragen; beide Kleidungsstücke hingen frei vom Scheitel herab. Eine andere Kopfbedeckung unserer Sammlung, die *smāda,* ist eigentlich nicht typisch für die Beduinen des Negev. Sie ist eine Art Mütze, die vorne über Stirn und Schläfen, am Rande dicht mit Münzen besetzt ist. Der hintere Rand der *smāda* ist zu einem ca. 4 cm dicken Wulst gedreht, unter den beim Tragen die Haare gesteckt werden.

Abb. 60 Diese Kopfbedeckung war vor allem in den Dörfern der zentralen Küstenebene bis hinunter nach *Ġazza* und im Bergland südlich von Jerusalem in Gebrauch.

Über der *smāda* wurde ein großes Tuch locker auf dem Kopf getragen.

Tracht der Kinder

Kleine Kinder trugen während der warmen Jahreszeit so gut wie gar keine Kleidung. Erst als sie das 6. oder 7. Lebensjahr erreichten, wurden sie in Gewänder gesteckt, die denen der Erwachsenen ähnlich waren.

Schmuck

Abb. 61 *(s. S. 96)* Die Beduinenfrauen trugen ihr persönliches Eigentum in Form von Schmuck mehr oder weniger ständig an ihrem Körper. Den ersten Schmuck bekamen sie anläßlich ihrer Hochzeit: mit einem Teil ihres Brautpreises *(mahr)* wurden Schmuckstücke gekauft, die ihr künftig ohne Einschränkung gehörten, d. h., sie konnte sie bei Bedarf an Bargeld verkaufen, ohne daß ihre Familie ein Einspruchsrecht hatte. Wenn sie anderseits Geld verdiente, kaufte sie sich meistens Schmuck damit, da dieser ja ein für sie sicheres Kapital darstellte.

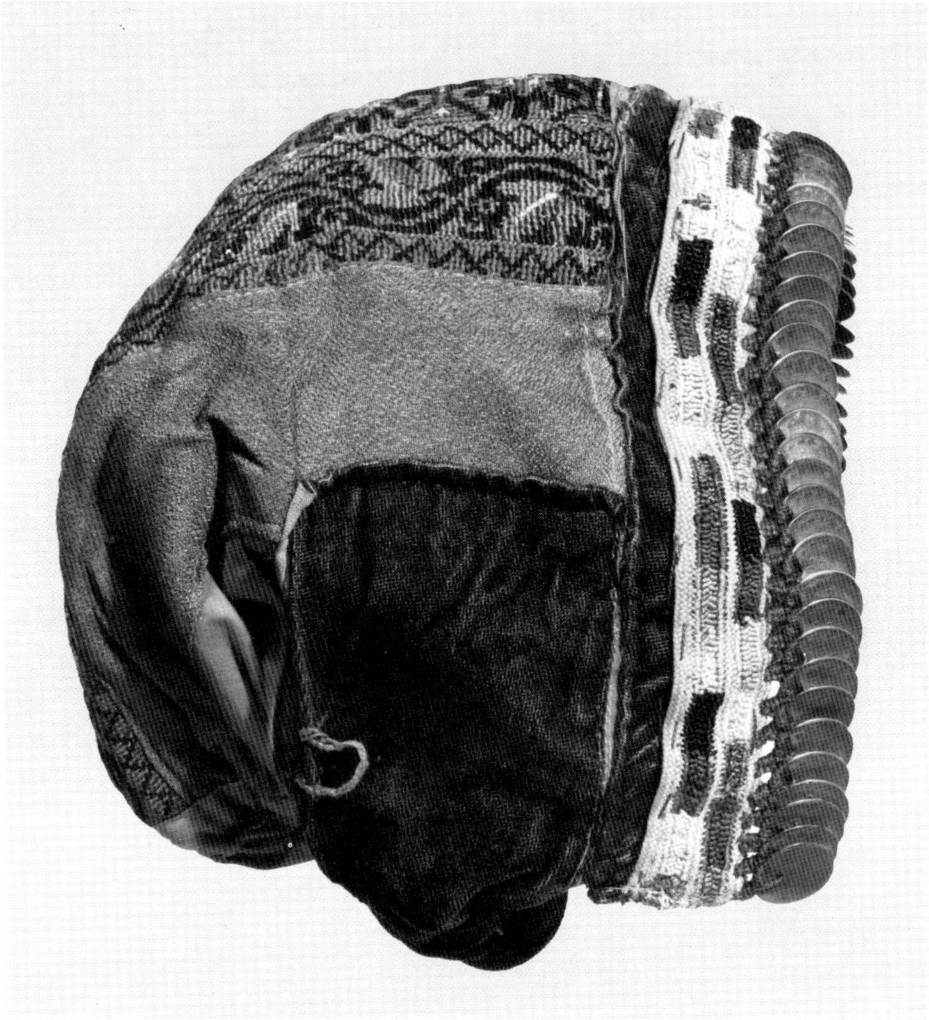

Abb. 60
Kopfhaube *(smāda)*. Beschreibung siehe Text.
∅ = 24 cm
Negev

Außer der Funktion als Kapital erfüllte der Schmuck noch zwei weitere Aufgaben: die des Schmückens und die der Abwehr von Unglück jeglicher Art, besonders der Abwehr des sog. Bösen Blickes *(ʿayn)*. Nicht alle Schmuckstücke hatten jedoch die Funktion eines Amulettes; bei den Amuletten handelte es sich entweder um charak-

Abb. 62
Ohrring *(šanf)*. Der obere Teil besteht aus dickem Silberdraht, der untere aus einer halbkreisförmigen Scheibe, an der dicht bei dicht kleine Anhänger (Kügelchen und Plättchen) angebracht sind. Die Scheibe scheint eine im Sandgußverfahren hergestellte Kopie zu sein.
H = 5 cm
Negev

teristisch aussehende Anhänger an Ketten oder Bändern, oder um bestimmte Materialien, denen man einen positiven Einfluß zuschrieb wie z. B. dem Türkis *(fayrūz)*. Der Schmuck der Beduinen wurde nicht von ihnen selber hergestellt. Sie kauften ihn entweder auf dem Markt bei städtischen Silberschmieden oder von wandernden

Abb. 64

Drei Nasenringe *(šāf)*. Die zwei unteren sind aus Silberblech und durch Granulieren verziert, der obere wurde in der Technik des Sandgusses hergestellt. Nasenringe wurden früher im Negev allgemein von Frauen getragen.

∅ = 3,5 cm 3 cm 1 cm (von rechts)

Negev

◁ Abb. 63

Halskette *(qilāda)*. Besteht aus einer mit Silberdraht geflochtenen Kette, aus verschiedenen zylinderförmigen Perlen, und aus zwischen diesen Perlen hängenden länglichen silbernen Hohlkörpern, an denen Münzen und Silberkugeln angebracht sind. Bei den Münzen handelt es sich um osmanische und russische Stücke; letztere sind wohl durch die russischen Jerusalempilger nach Palästina gekommen.

L = 45 cm

 Negev

Abb. 65
Silberner Armring *(ṣwār)*. Massiv. In der Mitte sind spitzzulaufende Buckel aufgesetzt; am Rand Granulierung und Filigranverzierung.
H = 6,5 cm
Negev

Kunsthandwerkern, die sich für längere Zeit in ihren Lagern aufhielten. Oft war der gefertigte Schmuck eine Auftragsarbeit.
Das von den Beduinen bevorzugte traditionelle Material für den Schmuck war Silber *(fiḍḍa)*. Es wurde in erster Linie von den berühmten und in ganz Arabien verbreiteten Maria-Theresientalern und auch von den damals gebräuchlichen türkischen Silbermünzen gewonnen. Da der Mariatheresientaler den höchsten Silbergehalt (80%) aufwies, wurde er zur Herstellung von wertvollerem Schmuck verwendet. Gold kam früher im Beduinenschmuck normalerweise nicht vor; dieses Material war hauptsächlich dem Schmuck der reicheren Städterinnen vorbehalten. In der jüngeren Vergangenheit begannen die Beduinenfrauen allmählich, Goldschmuck zu erwerben und ihren alten Silberschmuck gegen Goldschmuck einzutauschen. Letzte-

Abb. 66
Fingerringe (*ḫawātim*, Sg. *ḫātim*). Die drei unteren Stücke und das Exemplar links oben sind mit Filigran und Granulierung verziert und mit Halbedelsteinen besetzt. Das Stück rechts oben ist aus unverziertem Silber gefertigt und ebenfalls mit einem Halbedelstein besetzt.
Solche Fingerringe wurden von Frauen bis zu vier Stück an jeder Hand getragen.
Ø = 1 cm 1,8 cm
1,7 cm 2,2 cm 2,5 cm
Negev

rer wird heute aber oft ohne Berücksichtigung herkömmlicher Formtraditionen und in Anlehnung an einen allgemein orientalischen Massengeschmack produziert, was nach und nach zu einer Vereinheitlichung des von den Beduinenfrauen verschiedener Länder getragenen Schmuckes führen wird.
Die für den traditionellen Schmuck verwendeten Materialien umfaßten außer dem bereits erwähnten Silber an Metallen noch Kupfer und Bronze, sowie verschiedene

Abb. 67
Fußknöchelring Pl.: *(halāhil)*. Aus Silberblech gehämmert und mit einfachen geometrischen Mustern ziseliert. Am unteren Rand kleine kugelförmige Gehänge, die beim Bewegen des Fußes klappern.
Ø = 11 cm
Negev

Abb. 68 ▷
Silbernes Amulett *(maska)*. Wurde um den Hals getragen. Halbmondförmige Scheibe, auf die religiöse Sprüche graviert sind. An den Rändern durch Granulieren verziert.
An der Scheibe hängen drei osmanische Münzen.
L = 32 cm
Negev

Abb. 70
Silberner Armring *(ṣwār)*. Aus dickem Silberdraht gewunden und an den Außenseiten abgeflacht.
∅ = 7 cm
Negev *(Beerševa)*

Steine wie Türkis, Karneol, Achat und Granat sowie Bernstein, Korallen, und – nicht zuletzt – farbiges Glas (meist rot oder blau in Anlehnung an Karneol und Türkis!). Dabei traten die eben genannten Steine entweder selbständig in Form von verschieden großen aufgereihten Perlen oder als Metallapplikationen auf.
Der traditionelle Schmuck des syrisch-palästinensischen Raumes wies einige regio-

◁ Abb. 69
Halskette *(qilāda)*. Besteht aus Silberkapseln, Bernsteinperlen und osmanischen Silbermünzen.
L = 36 cm
Negev

Abb. 71
Armreif *(ṣwār)*. Aus massivem Silber. Das Relief wurde durch die Technik des Repoussé gebildet. Das Muster scheint recht verbreitet in Palästina zu sein; vgl. Weir (1976) und Stillmann (1979).
∅ = 7 cm
Negev

nale Unterschiede auf, die aber nach Stillmann (1979) eher durch die Stilvarianten der verschiedenen Silberschmiede bedingt waren als durch lokale Traditionen. Es gab berühmte Silberschmiede, die durch ihre Werke stilbildend wirkten.

Die angewandten Techniken der Schmuckherstellung und Verzierung waren relativ vielfältig. Weir (1976) zählte die folgenden als während der ersten Hälfte des 20. Jahrhunderts in Palästina und Transjordanien übliche auf:

1. Hämmern (Treiben), *ṭariq:* dabei wurde das Silber oder Kupfer zuerst flach gehämmert, dann geschnitten, formgehämmert und zusammengelötet. *Abb. 63*
2. Repoussé Technik, *ḍarab šākūš:* hier wurde in die Rückseite des Silberbleches ein

Abb. 71 Muster hineingedrückt, das auf der anderen Seite plastisch hervortrat. Dieses Relief konnte in sich wieder verziert werden.

3. Filigran-Technik, *mušabbak:* dabei zwirnte man dünnen Silberdraht und lötete Abb. 66 ihn in verschiedenen Mustern meist auf eine Metallfläche auf. Man konnte den gezwirnten Draht aber auch ›freistehend‹ zu Mustern zusammenlöten und dieses Filigrangeflecht dann in Zwischenräume einlöten.

Abb. 64, 68 4. Granulieren, *habbīyāt:* hier wurden kleine silberne Körnchen in bestimmten Mustern auf das Schmuckstück aufgelötet. Diese Technik wurde oft zusammen mit der Filigran-Technik benutzt.

Abb. 62 5. Das sog. Sandgießen, *sakib:* man stellte eine Gußform her, indem man das Modell zwischen zwei dicht mit Sand gefüllte Eisenschalen preßte. Der Sand mußte behandelt werden, um die Abdrucksform des Modells zu bewahren. Die Gußform wurde dann geschlossen und mit geschmolzenem Metall gefüllt. Beim Herausnehmen des gegossenen Stückes wurde die Gußform zerstört; man mußte also für jedes zu gießende Stück eine neue Gußform herstellen.

6. Niello-Technik, *muḥabar:* hier schüttete man die pulverisierte schwarze Schmelzmasse in vorbereitete Vertiefungen des Schmuckstückes, schmolz sie und polierte die mit ihr bedeckten Partien anschließend.

7. Das Herstellen von Ketten: Ketten wurden aus mehrfach ineinander verflochtenem dünnen Silberdraht oder aus breiteren Silberbändchen, die kreisförmig aneinander gereiht bzw. ineinander gesteckt wurden, hergestellt.

Abb. 67 Weitere Techniken der Schmuckverzierung waren Gravieren, *ḥafr*, und Ziselieren, *naqš*. Sie kamen seltener vor.

Die Beduinenfrauen trugen im allgemeinen verschiedene Arten von Schmuckstücken: mehrere Halsketten, Ohrringe, einen Kopf- und Gesichtsschmuck, Arm- Finger- und Nasenringe sowie Ringe oder Spangen um die Knöchel. Der gesamte Schmuck wurde meist nur an Festtagen angelegt; aber auch im Alltagsleben trugen die Frauen – soweit sie nicht gerade mit schmutzigen Arbeiten beschäftigt waren – einen Großteil ihres Schmuckes. Der nicht getragene Schmuck wurde in einem besonderen Kästchen im Zelt aufbewahrt. Die Beduinenfrauen des Negev zeichneten sich durch besonders reichhaltigen Schmuck und durch die häufige Verwendung Abb. 65, 69 von Perlen und Münzen aus.

Katalog (Slg. S. Gidal)

ACKERBAU

Nr. 1 Pflug. Holz, Eisen. Beschreibung siehe Bildlegende (Abb. 13).
Herkunft: *ʿAzāzma*, Negev.

Nr. 2 Sichel, Griff aus gedrechseltem Holz, Schneide aus Eisen. Industriell gefertigte Importware.
L = 48 cm
Herkunft: *ʿAzāzma*, Negev.

VIEHZUCHT

Nr. 3 Kamelsattel, Holz, Draht, Strohpolster, Schaffell. Beschreibung siehe Bildlegende (Abb.: 16).
Herkunft: *ʿAzāzma*, Negev.

JAGD UND SAMMELN

Nr. 4 Falle zum Vogelfang, Eisen. Torsionsschlagfalle. Industriell gefertigtes Produkt; Ersatz für einheimische Falle aus Holz.
Ø = 20 cm
Herkunft: *ʿAzāzma*, Negev.

ZELT UND HAUSRAT

Nr. 5 Zelt, Gewebe aus Ziegenhaar und Schafwolle, Sackleinen, Holzhaken, Stricke. Gewebe und Sackleinen bilden das Zeltdach, die Rück- und Seitenwände sowie den Trennvorhang. Nähere Konstruktionsbeschreibung siehe Text.
Dieses Exemplar, das nur noch zur Hälfte aus den traditionellen Ziegenhaar- und Wollgeweben besteht und mit Sackleinen geflickt bzw. ergänzt wurde, ist ein typisches Beispiel für die modernen Zelte der Negev-Beduinen.
L (d. Daches) = 6,80 m Br (~) = 2,65 m
L (d. Rück- und Seitenwand) = 10,50 m
Herkunft: Negev.

Nr. 6 Kinderwiege, Wollgewebe, Nylonstoff, Stricke. Hängemattenartige Wiege, die zwischen zwei Zeltstangen aufgehängt wurde. Der Typus ist im gesamten Orient, besonders bei Nomaden verbreitet. Das Exemplar ist neueren Datums, was man an dem nicht herkömmli-

chen Material sehen kann. Diese Wiegen waren bei den arabischen Nomaden ursprünglich aus Wollgewebe oder Leder.
L = 68 cm   Br = 57 cm
Herkunft: *ʿAzāzma*, Negev.

Nr. 7 Zeltpflockhammer, Stiel aus Holz, Kopf aus Eisen, Schlagflächen mit Kupferüberzug. Diente zum Hineinschlagen der Zeltpflöcke, an denen die Zeltleinen befestigt wurden.
L = 28 cm   ∅ (d. Kopfes) = 4,5 cm
Herkunft: *ʿAzāzma*, Negev.

Nr. 8 Buttergestell mit Butterschlauch, Holz, Stricke, Tierschlauch. Das Gestell besteht aus drei tipiförmig zusammenstellbaren Stangen, an die der Schlauch mittels den Stricken gehängt wird. Dieses Gerät zum Butterherstellen ist im Orient weit verbreitet.
L (d. Stangen) = 1,37 cm   L (d. Schlauches) = ca. 60 cm
Herkunft: *ʿAzāzma*, Negev.

Nahrung und Küchengeräte

Nr. 9 Mehlsieb, Holz, Drahtgeflecht. Es besteht aus einem kreisrunden Holzrahmen, der mit einem Eisendrahtgeflecht bespannt ist. Dieser Typus war im gesamten Orient verbreitet.
∅ = 59 cm   H = 14 cm
Herkunft: Negev.

Nr. 10 Brotteigschüssel, Holz. Beschreibung siehe Bildlegende (Abb.: 39).
Herkunft: *Hazayl*, Negev.

Nr. 11 Backblech, Eisen. Kreisrundes, leicht gewölbtes Eisenblech mit Tragring an einer Seite.
Diese Backbleche waren auf der arabischen Halbinsel und darüberhinaus weit verbreitet. Sie dienten zum Backen von Brotfladen. Wurden von wandernden Grobschmieden oder im städtischen Markt produziert.
∅ = 60 cm   H = 9,5 cm
Herkunft: *ʿAzāzma*, Negev.

Nr. 12 Eßteller, Kupfer. Reste der Verzinnung erkennbar. Aus starkem Kupferblech getrieben. Diente zum Auftragen von Essen.
∅ = 36 cm   H = ca. 4 cm
Herkunft: *ʿAṭāwna*, Negev.

Nr. 13 Kochkessel, Kupfer. Aus starkem Kupferblech getrieben. Innen ursprünglich verzinnt. Am oberen Rand sind zwei runde Henkel angenietet.
Weitere Beschreibung siehe Bildlegende (Abb.: 37).
Herkunft: Negev.

Nr. 14 Bratpfanne, verzinntes Kupfer. Starke Patina. Besteht aus der eigentlichen Pfanne und einem angenieteten Stiel.
∅ = 26 cm L = 43 cm
Herkunft: *ʿAzāzma*, Negev.

Nr. 15 Kochtopf, Kupfer. Mit Deckel. Beschreibung siehe Bildlegende (Abb.: 37).
Herkunft: *ʿAṭāwna*, Negev.

Nr. 16 Eßteller, Kupfer, Zinn (Lötstellen). Reste der Verzinnung. Flache Schale, deren Rand sich nach oben hin erweitert. Aus starkem Kupferblech getrieben. Einfacher Dekor (Strich- und Kreismuster). Diente zum Auftragen von Essen.
∅ = 28 cm (Auflagefläche) ∅ = 39,5 cm (Oberer Rand)
H = 5 cm
Herkunft: *ʿAṭāwna*, Negev.

Nr. 17 Serviertablett, Kupfer. Sehr flaches großes Tablett. Aus starkem Kupferblech getrieben. Reicher Dekor: florale und geometrische Muster eingepunzt.
Zum Servieren von Kaffee oder Tee, eventuell auch von Essen.
∅ = 49,5 cm (Standfläche) ∅ = 53,4 cm (oberer Rand)
H = ca. 5 cm
Herkunft: *ʿAṭāwna*, Negev.

Nr. 18 Serviertablett, Messing. Aus einem Stück Messingblech maschinell hergestellt. Ohne Dekor. Diente zum Servieren von Kaffee oder Tee.
∅ = 44,8 cm (oberer Rand) ∅ = 39,5 cm (Standfläche)
H = ca. 2 cm
Herkunft: *ʿAzāzma*, Negev.

Nr. 19 Schöpfkelle, verzinntes Kupfer (s. Abb.: 37). Kelle aus Kupferblech getrieben, massiver Stiel. Stiel ist an der Kelle angelötet. Dekor: einfache Strichmuster auf dem Stiel.
L = 38,2 cm ∅ (d. Kelle) = ca. 8,2 cm H (d. Kelle) = 4,3 cm
Herkunft: *ʿAzāzma*, Negev.

Nr. 20 Löffel, verzinntes Kupfer (s. Abb.: 37). Aus starkem Kupferblech getrieben. Dekor: auf dem verbreiterten Stielteil sind Reste arabischer Schrift erkennbar.
L = 26,3 cm L (d. Löffelschale) = 6,6 cm Br (~) = 4,5 cm
Herkunft: *ʿAzāzma*, Negev.

Nr. 21 Reisschöpfer, Kupfer, Reste von Verzinnung (s. Abb.: 37). Aus sehr starkem Kupferblech getrieben. Besteht aus einem Stiel und einer angelöteten, runden kaum gewölbten Scheibe, die mit insgesamt 6 Löchern versehen ist.
Der Typus ist im Orient weit verbreitet.
Dekor: einfache Strichmuster am Stiel.

L = 40,2 cm Ø (d. Scheibe) = ca. 11 cm
Herkunft: *ʿAzāzma*, Negev.

Nr. 22 Reisschöpfer, verzinntes Kupfer. Beschreibung: s. o. Nr. 21
L = 43,4 cm Ø = 12–13 cm 9 Löcher
Herkunft: *ʿAzāzma*, Negev.

Nr. 23 Brotumwender, Kupfer, Reste von Verzinnung (s. Abb.: 37). Hohlstiel, der mit der kreisrunden Scheibe zusammengenietet ist. Diente zum Umwenden von kleineren dicken Brotfladen.
L = 28,3 cm Ø (d. Scheibe) = 11,8 cm
Herkunft: *ʿAzāzma*, Negev.

Nr. 24 Schöpflöffel, verzinntes Kupfer (s. Abb.: 37). Besteht aus massivem, am Ende umgebogenem Stiel und angenietetem, rundem, gewölbtem Schöpfer mit vielen Löchern.
Dekor: Stiel ist mit einfachen Mustern gepunzt.
Diente zum Schöpfen von Reis, Grütze, u. ä.
L = 30,6 cm Ø (d. Schöpfers) = 9,3 cm
Herkunft: *ʿAzāzma*, Negev.

Nr. 25 Löffel, Kupfer, Reste von Verzinnung. Aus starkem Kupferblech getrieben (s. Abb.: 37). Diente vermutlich in erster Linie zum Essen von Suppen.
L = 17,1 cm Ø (d. Kelle) = ca. 5,6 cm H (d. Kelle) = 1,8 cm
Herkunft: Negev.

Nr. 26 Teekessel, blau emailliertes Eisen. Typische Form der industriell hergestellten Tee- bzw. Wasserkessel. Kein traditioneller Bestandteil der Beduinenkultur.
H = 25,8 cm Ø = 19 cm (Standfläche)
Herkunft: *ʿAzāzma*, Negev.

Nr. 27 Wasserkrug, gebrannter Ton. Beschreibung siehe Bildlegende (Abb.: 39).
Herkunft: *ʿAzāzma*, Negev.

Nr. 28 Wasserkrug, gebrannter Ton. Form wie Nr. 27.
H = 34,5 cm
Herkunft: Negev.

Nr. 29 Waschbecken, Kupfer. Eine im unteren Drittel bauchige Schüssel, die sich schalenartig nach oben hin verbreitert. Aus starkem Kupferblech getrieben. Reicher Dekor auf der oberen Innenseite: geometrische und florale Muster eingepunzt. Derartige Waschbecken sind für die materielle Kultur der Beduinen untypisch; sie waren vor allem im Bereich der städtischen Kultur verbreitet.
H = 12,1 cm Ø = 14,6 cm (Standfläche) Ø = 35,3 cm (oberer Rand)
Herkunft: *ʿAṭawna*, Negev.

Nr. 30 Pfeifenköpfe, gebrannter Ton, Messing.
Herkunft: *Beerševa,* Negev.

KAFFEEZEREMONIE

Nr. 31 Kaffeekanne, Kupfer, Eisen. Beschreibung siehe Bildlegende (Abb.: 35).
Herkunft: *ʿAṭāwna,* Negev.

Nr. 32 Kaffeekanne, Kupfer, Messing. Sehr starke, alles verdeckende Rußpatina. Konstruktionsprinzip vgl. Text.
H = 21,3 cm ∅ = 8 cm (Standfläche)
Herkunft: *Beerševa,* Negev.

Nr. 33 Kaffeekanne, Messing. Beschreibung siehe Bildlegende (Abb.: 35).
Herkunft: Negev.

Nr. 34 Kaffeekanne, Messing, Kupfer. Beschreibung siehe Bildlegende (Abb.: 35).
Herkunft: *ʿAzāzma,* Negev.

Nr. 35 Kaffeekanne, Kupfer. Beschreibung siehe Bildlegende (Abb.: 35).
Herkunft: *ʿAṭāwna,* Negev.

Nr. 36 Holzmörser mit Stößel, Holz, Messing. Beschreibung siehe Bildlegende (Abb.: 34).
Herkunft: *ʿAṭāwna,* Negev.

Nr. 37 Kaffeeröster, Eisen. Beschreibung siehe Bildlegende (Abb.: 33).
Herkunft: *ʿAzāzma,* Negev.

Nr. 38 Feuerzange, Eisen. Besteht aus einem zusammengebogenen Stück; die Enden der Zange sind nach unten gebogen. Dient zum Ordnen des Feuerungsmaterials.
L = 46,5 cm
Herkunft: *ʿAzāzma,* Negev.

Nr. 39 Kaffeekanne, Messing, Kupfer, Silber. Beschreibung siehe Bildlegende (Abb.: 36).
Herkunft: *ʿAṭāwna,* Negev.

Nr. 40 Zuckerdose, Messing, Kupfer, Silber. Beschreibung siehe Bildlegende (Abb.: 36).
Herkunft: *ʿAṭāwna,* Negev.

Nr. 41 Kaffeetassen mit Untersatz, Steingut, Messing, Kupfer, Silber. Beschreibung siehe Bildlegende (Abb.: 36).
Herkunft: *ʿAṭāwna,* Negev.

Nr. 42 Kaffeetablett, Messing, Kupfer, Silber. Beschreibung siehe Bildlegende (Abb.: 36).
Herkunft: *ʿAṭāwna,* Negev.

Nr. 43 Kaffeekanne, Messing, Kupfer. Sehr gedrungene Kanne aus Messingblech. Reicher Dekor: geometrische Muster, gepunzt, ziseliert und aufgelötet.
H = 24,3 cm Ø = 9,2 cm (Standfläche)
Herkunft: Negev.

Nr. 44 Mokkakännchen, Messing. Stielkännchen in der auf dem Balkan und in der Türkei üblichen Form *(ǧizye).* Diente zum Bereiten des türkischen süßen Mokkas. Untypisch für die traditionellen Kaffeegeräte der Beduinen.
H = 9 cm (ohne Stiel)
Herkunft: *Hazayl,* Negev.

Nr. 45 Mokkamühle, Messing, Eisen. Längliche Handmühle. Untypisch für die traditionellen Kaffeegeräte der Beduinen; türkischer Einfluß.
H = 30 cm Ø = ca. 5,2 cm
Herkunft: *Hazayl,* Negev.

WAFFEN

Nr. 46 Dolch, Eisen, Silber, Kupfer, Holz. Beschreibung siehe Bildlegende (Abb.: 41).
Herkunft: Negev.

Nr. 47 Säbel mit Scheide, Eisen, Leder. Sehr schlecht erhaltene Waffe. Leicht gekrümmte [Klinge.
L = 79,8 cm L (d. Klinge) = 64 cm L (d. Griffs) = 11,8 cm
Herkunft: *ʿAṭāwna,* Negev.

Nr. 48 Pulverhorn, Magenhaut (?). Beschreibung siehe Bildlegende (Abb.: 43).
Herkunft: *ʿAṭāwna,* Negev.

Nr. 49 Pulverhorn, Leder. Diesselbe Form wie Nr. 48. Dekor: einfache Strichmuster.
L = 17,5 cm
Herkunft: Negev.

Nr. 50 Dolch, Stahl, Horn, Messing, Kupfer, Eisen, Holz. Beschreibung siehe Bildlegende [(Abb.: 41).
Herkunft: *ʿAzāzma,* Negev.

Nr. 51 Dolch, Messing, Eisen und Holz. Griff und Scheide mit Messingblech überzogen. Einfacher Ritzdekor.
Billiges Stück, vermutlich Touristenware.
L = 26,4 cm L (d. Scheide) = 15,4 cm
Herkunft: *Ġazza.*

Nr. 52 Dolch, Stahl, Kunststoff, Weißblech, Silber, Eisen, Holz, Glas. Scheide mit Silberblech überzogen und streifenweise mit Silberdraht umwickelt; Griff aus schwarzem Kunststoff, teilweise mit Weißblech umwickelt. Auf der Klinge Herstellerstempel mit Datum (1951). [Vermutlich Touristenware.
L = 31 cm L (d. Scheide) = 18,6 cm
Herkunft: Negev.

Nr. 53 Dolch, Silber, Eisen, Stahl, Holz. Beschreibung siehe Bildlegende (Abb.: 41).
Herkunft: *ʿAṭāwna,* Negev.

Nr. 54 Steinschleuder, Wolle. Beschreibung siehe Bildlegende (Abb.: 44).
Herkunft: *ʿAzāzma,* Negev.

Nr. 55 Steinschleuder, Wolle. Form und Aussehen wie Nr. 54.
Aus grellbunter Wolle geflochten.
L (d. Steinrezeptors) = ca. 20 cm
Herkunft: Negev.

Nr. 56 Dolch, Stahl, Messing, Pappe, Holz, Kupfer. Gebogene Klinge. Griff aus zwei zusammengenagelten Messingteilen. Scheide aus Holz, teilweise mit Kupferblech umwunden.
Dekor: auf der Außenseite des Griffes sind Strichmuster eingraviert.
Dieser Dolchtypus ist heute im Negev nicht mehr üblich.
L = 32,3 cm L (d. Scheide) = 21,5 cm
Herkunft: Negev.

Spinnen und Weben

Nr. 57 Webstuhl, Holz, Wolle, (Kettfäden, Schußfaden um Stab gewickelt), Eisen. Besteht aus zwei dicken Endbäumen, zwei Kettfadenstäben aus Eisen, einem Holzschwert, einem Schlingenbaum (Holz), einem Trennstab (Holz) und einem mit dem Schußfaden achterförmig umwickelten Krummstab, ferner aus den aufgezogenen Kettfäden und einem Stück fertigen [Gewebes.
Typischer Beduinenwebrahmen.
Br (d. Gewebes) = 61 cm L (d. Kette) = 1,95 cm
Herkunft: *ʿAzāzma,* Negev.

Nr. 58 Gazellenhorn. Dient zum ›Festschlagen‹ des gerade gewebten Schußfadens. Typisches Instrument der beduinischen Weberei.
L = 16,3 cm
Herkunft: *ʿAṭāwna,* Negev.

Nr. 59 Spindel, Holz, Eisen, Ziegenhaar. Besteht aus einem Holzschaft, einer daraufgesetzten ovalen Wirtel und einem Eisenhaken.
L = 44,2 cm L (d. Wirtel) = 12,5 cm
Herkunft: *ʿAzāzma,* Negev.

Nr. 60 Spindel, Holz, Eisen, Wolle. Beschreibung siehe Bildlegende (Ab.: 48).
Herkunft: *Hazayl,* Negev.

Nr. 61 Ziegenhaar, erstgesponnen. Dünner Faden. Dieser Faden wurde zum weiteren Gebrauch zwei- bzw. dreifach zusammengezwirnt.
Herkunft: Negev.

Nr. 62 Kamelhaar, gesponnen. Der Faden variiert in verschiedenen Braunschattierungen.
Herkunft: Negev.

Nr. 63 Schafwolle, gesponnen und schwarz gefärbt.
Herkunft: Negev.

Nr. 64 Kamelsatteltasche, Wolle. Beschreibung siehe Bildlegende (Abb.: 50).
Herkunft: *ʿAṭāwna,* Negev.

Nr. 65 Teil eines Kamelschmuckes, Wolle. Gewebe mit musterbildendem Eintrag.
L = 91 cm
Herkunft: *ʿAṭāwna,* Negev.

Nr. 66 Eselstasche, Wolle, Ziegenhaar. Gewebe mit musterbildender Kette, schwarz-weißlich [gestreift.
L = 90 cm
Herkunft: *ʿAṭāwna,* Negev.

Nr. 67 Futtertasche, Wolle und Ziegenhaar. Gewebe mit musterbildender Kette wie bei [Nr. 66.
L = 24 cm Br = ca. 24,5 cm
Herkunft: *ʿAṭāwna,* Negev.

Nr. 68 Bodendecke, Ziegenhaar. Aus sehr dickem Faden gewebt. Schwarz mit zwei graubraunen Längsstreifen. Musterbildende Kette.
L = 1,65 cm Br = 61 cm
Herkunft: *Hazayl,* Negev.

Nr. 69 Bodendecke, Wolle. Beschreibung siehe Bildlegende (Abb.: 52).
Herkunft: *ʿAzāzma,* Negev.

Nr. 70 Bodendecke, Wolle, Baumwolle. Kette aus Baumwolle.
Keine Beduinenarbeit; von Drusen angefertigt und nach Beerševa verhandelt, wo es von Beduinen gekauft wurde.
Herkunft: *Daliat al-Karmil.*

Nr. 71 Bodendecke, Wolle, Ziegenhaar. Gewebe mit musterbildender Kette, längsgestreift in den Naturfarben.
L = 1,71 cm Br = 72 cm
Herkunft: *ʿAzāzma,* Negev.

Nr. 72 Bodendecke, Wolle, Ziegenhaar. Gewebe mit musterbildender Kette, längsgestreift in
L = 235 cm Br = 34,5 cm [den Naturfarben.
Herkunft: *ʿAzāzma*, Negev.

Nr. 73 Markttasche, Wolle, Ziegenhaar. Beschreibung siehe Bildlegende (Abb.: 52).
Herkunft: *Hazayl,* Negev.

Nr. 74 Eselspeitsche, Wolle, Tuchfüllung. Mit bunter Wolle umwickelte doppelte Tuch-
Herkunft: *ʿAṭāwna*, Negev. [wulst.

Kleidung

Nr. 75 Mantel, Baumwolle. Form wie bei Nr. 76. Schwarzes leichtes Baumwollgewebe. Halsauschnitt, Schulternähte und Ärmellöcher mit gelber Litze bzw. Borte bestickt.
Typischer Sommermantel.
L = 126,5 cm Br = 144,7 cm
Herkunft: *ʿAzāzma*, Negev.

Nr. 76 Mantel, Kamelhaar, Golddraht, Futterstoff. Beschreibung siehe Bildlegende (Abb.: 54).
Herkunft: *ʿAṭāwna*, Negev.

Nr. 77 Zwei Kopftücher, Baumwolle. Quadratische Tücher, die man in Dreiecksform zusammenfaltet und dann auf den Kopf legt.
L = Br = 122 cm L = Br = 113 cm
Herkunft: *Beerševa* und Jerusalem.

Nr. 78 Zwei Kopfbänder, Baumwolle. Dienen zum Festhalten des Kopftuches.
∅ (d. Wulst) = ca. 1,5 cm
Herkunft: *Beerševa* und Jerusalem.

Nr. 79 Männergewand, Baumwolle. Beschreibung siehe Bildlegende (Abb.: 53).
Herkunft: *ʿAzāzma*, Negev.

Nr. 80 Kinderjacke, Baumwolle. Gerade geschnittene Jacke aus schwarzem und lila (Indigo?) Stoff; dicht mit Kreuzstichstickerei bestickt. Die Stickmuster sind z. T. modern (z. B. Blumen-
L = 61 cm Br = 83,6 cm (mit Ärmeln) [vase!).
Herkunft: *ʿAzāzma*, Negev.

Nr. 81 Frauengewand, Baumwolle, Seide. Beschreibung siehe Bildlegende (Abb.: 56).
Herkunft: *ʿAṭāwna*, Negev.

Nr. 82 Frauengewand, Baumwolle. Beschreibung siehe Bildlegende (Abb.: 58).
Herkunft: *ʿAṭāwna*, Negev.

Nr. 83 Gesichtsgehänge, Baumwolle, Silber, Glasperlen, Halbedelstein. Beschreibung siehe Bildlegende (Abb.: 59).
Herkunft: *ʿAṭāwna*, Negev.

Nr. 84 Kopfhaube, Baumwolle, Kunstfaser, Metall. Beschreibung siehe Bildlegende (Abb.: 60).
Herkunft: *ʿAṭāwna*, Negev.

Nr. 85 Kopfhaube, Baumwolle, Metall, Kunststoffperlen. Hochzeitshaube, die nur am ersten Hochzeitstag getragen wurde. Typisch für die Fallāḥīn der Gegend um *al-Ḫalīl*.
Von diesem Stück sind vermutlich nur die bestickten Partien ursprünglich; die Art der Befestigung der Münzen ist sekundär.
H = 13 cm
Herkunft: *Beerševa*

Nr. 86 Drei Täschchen, Baumwolle, Glasperlen, Kunststoff. Aus schwarzem Stoff genäht und bestickt. Zwei Täschchen mit der für Südpalästina typischen Kreuzstichstickerei, das [dritte mit einfachem Stich.
L = 29 cm L = 31 cm L = 28,5 cm
Herkunft: *ʿAṭāwna*, Negev.

Nr. 87 Kopftuch, Baumwolle. Schwarz.
L = 84 cm Br = 84 cm
Herkunft: Negev.

SCHMUCK

Nr. 88 Gewürznelken-Halskette, Gewürznelken, Perlmutt, Kunststoffperlen, Seide, Korallen. Beschreibung siehe Bildlegende (Abb.: 61).
Herkunft: Jerusalem.

Nr. 89 Halskette, Silber, Bernstein. Besteht aus 7 zylinderförmigen, verschieden großen Bernsteinperlen, aus zwischen diesen Perlen aufgereihten granulierten Kügelchen und aus einer geflochtenen Silberdrahtkette.
Das Tragen von Perlenketten war speziell für die Beduinenfrauen des Negev charakteristisch.
L = 25 cm
Herkunft: Negev.

Nr. 90 Halskette, Bernstein (?), Silber. Sie besteht aus 11 aufgereihten Bernsteinscheiben (gelb und rot), aus 2 Glas- und vielen Metallperlen.
L = 26 cm
Herkunft: *ʿAṭāwna*, Negev.

Nr. 91 Halskette, Silber, Messing, Kunststoffperlen, Münzen. Beschreibung siehe Bildle- [gende (Abb.: 63).
Herkunft: Negev.

Nr. 92 Halskette, Silber, Bernstein, Münzen. Beschreibung siehe Bildlegende (Abb.: 69). Herkunft: Negev.

Nr. 93 Amulett ohne Kette, Silber. Es handelt sich um einen zylinderförmigen Behälter, eine der typischen Amulettformen. Der Behälter läßt sich seitlich öffnen; er enthielt wahrscheinlich ein mit religiösen Sprüchen beschriftetes Blatt. Auf der Außenseite ist er mit arabischer Schrift (ebenfalls religiöse Sprüche) verziert (Repoussé-Technik).
L = 7 cm
Herkunft: Negev.

Nr. 94 Amulett mit Halskette, Silber, Glas, Eisen. Besteht aus einer dreieckigen, mit Filigran verzierten und mit einem blauen Glasstück (Ersatz für Türkis) besetzten, Scheibe, an der unten kleine Kügelchen und Scheibchen an Ketten hängen. Die dreieckige Form ist eine im Orient sehr verbreitete Amulettart. Der blaue ›Stein‹ gilt als Abwehr gegen den Bösen Blick.
L = 31,5 cm L (d. Dreiecks) = 3,8 cm
Herkunft: Negev.

Nr. 95 Amulett mit Halskette, Silber, Kupfer. Besteht aus einer ovalen, beschrifteten und mit Filigran verzierten Amulettscheibe, aus einem zylinderförmigen Filigrangeflecht, und aus einer Kette. Ovale Amulettformen waren im Orient ebenfalls weit verbreitet. Sie sind mehrheitlich mit Koransprüchen versehen.
L = 45 cm L (d. ovalen Scheibe) = 6,2 cm
Herkunft: Negev.

Nr. 96 Amulett ohne Kette, Silber, Kupfer. Ovale Scheibe mit religiösen Sprüchen beidseitig verziert.
L = 4,5 cm
Herkunft: Negev.

Nr. 97 Amulett mit Kette, Silber, Glas oder Kunststoff. Es handelt sich um eine mondsichelförmige Amulettscheibe, die dicht mit blauen Glas- oder Kunststoffperlen besetzt ist (Ersatz für Türkis). An der Scheibe hängen drei alte Münzen (zwei osmanische; die dritte ist nicht identifizierbar).
Die Mondsichelform ist eine typische Amulettform. Die blauen Perlen sollen den Bösen Blick abwehren.
L = 46,8 cm Br (d. Mondsichel) = 4,4 cm
Herkunft: Jerusalem.

Nr. 98 Amulett mit Kette, Silber. Beschreibung siehe Bildlegende (Abb.: 68).
Herkunft: Negev.

Nr. 99 Amulett mit Kette, Silber, Glas oder Kunststoff, Messing. Es besteht aus einem ovalen Behälter, der mit Filigran verziert und mit blauen Glas- oder Kunststoffperlen besetzt ist. Der

Behälter läßt sich auf der Rückseite öffnen; er enthielt ursprünglich vermutlich mit religiösen Sprüchen beschriftete Blätter.
L = 32,5 cm Br (d. Behälters) = 4 cm
Herkunft: Negev.

Nr. 100 Gehänge, Silber, Kunststoff. Besteht aus einem halbkugelförmigen, ziselierten Körper, an dem viele kleine ovale Anhänger mittels Ketten angebracht sind. Vermutlich Teil eines Kopfschmuckes.
L = 17,6 cm (ohne das Band)
Herkunft: Jerusalem.

Nr. 101 Drei Gehänge, Silber, Kupfer, Messing. Längliche keulenförmige, mit Filigran verzierte Hohlkörper, an denen je vier Münzen (osmanische) an Ketten hängen.
Sie waren nach Angaben der Sammlerin an der Kopfbedeckung befestigt.
L = 13,5 cm
Herkunft: *ʿAzāzma*, Negev.

Nr. 102 Drei Nasenringe, Silber. Beschreibung siehe Bildlegende (Abb.: 64).
Herkunft: *ʿAṭāwna*, Negev.

Nr. 103 Ohrring, Silber, Glas. Beschreibung siehe Bildlegende (Abb.: 62).
Herkunft: Negev.

Nr. 104 Armring, Silberlegierung. In der Technik des Sandgusses hergestellt; Kopie eines mit Filigran und Granulierung verzierten Ringes. Kann mit einem Stift geöffnet werden. Osmanische Silbermünze als Anhänger.
∅ = 6 cm
Herkunft: *ʿAzāzma*, Negev.

Nr. 105 Armreif, Silber. In Repoussé-Technik hergestellt. Das Muster ist typisch für den Negev.
Herkunft: *Beerševa*, Negev.

Nr. 106 Armreif, Silber. Beschreibung siehe Bildlegende (Abb.: 71).
Herkunft: *Beerševa*, Negev.

Nr. 107 Armring, Silberlegierung, Glas, Karneol (?). Der Ring ist wie Nr. 104 in der Technik des Sandgusses hergestellt, und ebenfalls die Kopie eines mit Filigran und Granulierung verzierten Ringes. Außerdem ist er mit 4 Steinen (drei sind Glasimitationen, einer vermutlich echt) besetzt. Kann mit einem Stift geöffnet werden. Osmanische (?) Münze als Anhänger.
∅ = 6 cm
Herkunft: *ʿAzāzma*, Negev.

Nr. 108 Armreif, Silber. Beschreibung siehe Bildlegende (Abb.: 65).
Herkunft: *Beerševa*, Negev.

Nr. 109 Armreif, Messing. Einfacher glatter Reif, der an der Außenseite mit Strich- und Punktmustern verziert (graviert und gepunzt) ist.
Sehr kleiner Reif, vermutlich für Kinder.
∅ = 5,6 cm
Herkunft: *ʿAṭāwna*, Negev.

Nr. 110 Armreif, Silber. Kleiner, schmaler Hohlring aus Silberblech, der mit einfachen Mustern ziseliert ist.
∅ = 5,5 cm
Herkunft: Negev.

Nr. 111 Armreif, Silber. Beschreibung siehe Bildlegende (Abb.: 70).
Herkunft: *Beerševa*, Negev.

Nr. 112 Armreif, Silber. In der Technik des Sandgusses hergestellt. Mit fünf runden Buckeln versehen und nachträglich mit einfachem Strichmuster ziseliert.
∅ = 6,1 cm
Herkunft: *ʿAṭāwna*, Negev.

Nr. 113 Armreif, Silberlegierung. In der Technik des Sandgusses hergestellt. Derselbe Typus wie Nr. 112.
∅ = 6,5 cm
Herkunft: *ʿAṭāwna*, Negev.

Nr. 114 Armreif, Messing. In der Technik des Sandgusses hergestellt. Derselbe Typus wie die Nummern 112 und 113.
∅ = 6 cm
Herkunft: *ʿAṭāwna*, Negev.

Nr. 115 Armreif, Messing. Vermutlich im Sandgußverfahren hergestellt. Die Außenseite ist mit einfachen Strichmustern verziert (graviert und gepunzt).
∅ = 5,2 cm
Herkunft: *ʿAṭāwna*, Negev.

Nr. 116 Zwei Armreife, Messing. Im Sandgußverfahren hergestellt und anschließend auf der Außenseite leicht graviert.
∅ = 6,2 cm 6 cm
Herkunft: Negev.

Nr. 117 Armreif, Messing. Einfacher Reif, in der Technik des Sandgusses hergestellt. Ursprünglich vermutlich mit kleinen Steinen besetzt (Löcher vorhanden).
∅ = 5,5 cm
Herkunft: Negev.

Nr. 118 Knöchelring, Silber, Glas. Beschreibung siehe Bildlegende (Abb.: 67).
Ø = 11,2 cm
Herkunft: *ʿAṭāwna*, Negev.

Nr. 119 Fingerring, Silber, Karneol. Beschreibung siehe Bildlegende (Abb.: 66).
Herkunft: *Hazayl*, Negev.

Nr. 120 Fingerring, Silber, blaues Glas. Beschreibung siehe Bildlegende (Abb.: 66).
Herkunft: *ʿAṭāwna*, Negev.

Nr. 121 Daumenring, Silber, blaues und rotes Glas. Beschreibung siehe Bildlegende [(Abb.: 66).
Ø = 2,5 cm
Herkunft: Negev.

Nr. 122 Fingerring, Silber, Karneol. Beschreibung siehe Bildlegende (Abb.: 66).
Herkunft: Negev.

Nr. 123 Fingerring, Silber, Glas. Beschreibung siehe Bildlegende (Abb.: 66).
Herkunft: Negev.

Nr. 124 Daumenring, Silber, rotes und blaues Glas. Identisch mit Nr. 121.
Ø = 2,5 cm
Herkunft: Negev.

Nr. 125 Fingerring, Silber. In Filigran- und Granulierungstechnik verziert.
Ø = 2 cm
Herkunft: Negev.

Nr. 126 Fingerring, Silber, Glasperle. Besteht aus einem pyramidenförmigen, durch Ziselieren und mit Filigran verzierten Aufbau, in dessen obere kleine Öffnung eine orange Glasperle eingelegt ist.
H (d. Aufbaus) = 2,6 cm Ø = 2,9 cm
Ø (d. Rings) = 2 cm
Herkunft: Negev.

Nr. 127 Amulettring, Silber. Mit Granulierungen verziert. Der Ring trägt eine runde Platte, auf der die *Basmala* (»Im Namen Gottes, des Erbarmers, des Barmherzigen . . .«) eingraviert ist.
Ø = 2,2 cm
Herkunft: *Hazayl*, Negev.

Nr. 128 Fingerring, Silber, grüner Stein. Derselbe Typus wie Nr. 120.
Ø = 2 cm
Herkunft: *ʿAṭāwna*, Negev.

Nr. 129 Fingerring, Silber, gelbes Glas. Der eigentliche Ring ist im Sandgußverfahren hergestellt worden. Außerdem mit Filigran und einem eingefaßten Glasstein verziert.
∅ = 2,3 cm
Herkunft: Negev.

Nr. 130 Fingerring, Silberlegierung, rotes und grünes Glas. Auf dem Ring sind zwei eingefaßte und mit Filigran verzierte Glassteine angebracht.
∅ = 2 cm
Herkunft: *Beerševa*, Negev.

Nr. 131 Gebetskette, Bernstein. Besteht aus 33 länglichen Perlen, die zusammen mit 2 Trennscheiben und 3 Schlußstücken auf eine Schnur aufgereiht sind. Im gesamten islamischen Raum übliche Form der Gebetskette.
L = 40 cm
Herkunft: *ʿAṭāwna*, Negev.

Nr. 132 Gebetskette, Glas. Derselbe Typus wie Nr. 131.
L = 32 cm
Herkunft: Negev.

Nr. 133 Münzgürtel, Silbermünzen, Glas, Baumwollstoff. Besteht aus einem länglichen Stoffstück, das auf der Außenseite dicht mit sich schuppenartig überlappenden Münzen bestickt ist. Die von Münzen ausgesparte Mitte des Stoffstückes ist mit einer zylinderförmigen Glasperle verziert. Das Stoffstück wird durch eine Kette um den Leib gehalten.
L (d. Stoffstückes) = 30 cm Br (~) = 5 cm
Herkunft: *Hazayl*, Negev.

KOSMETIK

Nr. 134 *Kuḥl*fläschchen, Baumwolle, Glas, Kunststoffperlen. Zwei kleine Glasfläschchen sind in einen viereckigen, aus Baumwollstoff genähten, ausgestopften, und mit Kreuzstichstickerei und Troddeln geschmückten Behälter eingenäht. Stöpsel für die Fläschchen fehlen.
In den Fläschchen wurde der *kuḥl* (Antimonpulver), mit dem die Beduinen sich die Augenlider schwarz linierten, aufbewahrt.
H = ca. 12 cm Br = ca. 13,5 cm
Herkunft: *ʿAṭāwna*, Negev.

Nr. 135 *Kuḥl*fläschchen mit Spiegel, Baumwolle, Glas, Kunststoff, Spiegel. Von der Konstruktion her dasselbe wie Nr. 134, nur mit einem statt mit zwei Fläschchen. An die Unterseite des Behälters wurde ein mit Stoff eingerahmter Spiegel angenäht.
L = 29 cm (insgesamt) L (d. Spiegels) = 15,4 cm
Herkunft: *Hazayl*, Negev.

Nr. 136 *Kuḥl*fläschchen, Baumwolle, Glas, Kunststoff, Spiegel. Ähnliches Exemplar wie Nr. 135.
L = 28 cm (insgesamt) L (d. Spiegels) = 15 cm
Herkunft: *Hazayl*, Negev.

Nr. 137 *Kuḥl*fläschchen, Baumwolle, Kunststoff, Glas, Spiegel. Ähnliches Exemplar wie Nr. 135.
L = 28 cm (insgesamt) L (d. Spiegels) = 15,3 cm
Herkunft: *Hazayl*, Negev.

Nr. 138 Hennafläschchen, Baumwolle, Kunststoff, Glas, Spiegel. Vom Aussehen her ähnliches Exemplar wie Nr. 135. Mit Stöpsel. Henna diente zum Schminken vor allem der Hände und Füße.
L = 28 cm (insgesamt) L (d. Spiegels) = 15,5 cm
Herkunft: *Hazayl*, Negev.

Nr. 139 *Kuḥl*behälter (?), Baumwolle, Kunststoff, Bambus (Schilfrohr), Glas- und Gummiperlen. Drei lange Schilfrohrstäbe sind in einen viereckigen, ausgestopften und mit Perlengeflechten überzogenen Behälter eingenäht. Zwei der Stäbe sind mit Stoffstöpseln verschlossen.
L = ca. 34 cm Br = 23 cm
Herkunft: *ʿAṭāwna*, Negev.

Nr. 140 *Kuḥl*fläschchen, Glas, Kork, *Kuḥl*. Kleines Fläschchen ohne die bei den Nummern 135–137 vorhandende Umhüllung. Enthält Antimon in pulverisiertem und in unzerstoßenem Zustand.
H = 5 cm
Herkunft: *Beerševa*, Negev.

Nr. 141 *Kuḥl*stift, und *Kuḥl*behälter, lackiert. Beide Instrumente bilden einen Vogel, wobei der Vogelkopf und -Hals als Stift fungieren. Mit diesem Stift wird der flüssige *kuḥl* an den Rändern der Augenlider entlang aufgetragen.
H = 9,9 cm
Herkunft: *Beerševa*, Negev.

NACHTRAG

Nr. 142 Einsaitige Geige, Holz, Ziegenhaut, Eisen, Pferdeschweifhaar, Baumwollstoff. Beschreibung siehe Bildlegende (Abb.: 45).
L = ca. 62 cm L (d. Geigenbogens) = 48,5 cm
Herkunft: *ʿAṭāwna*, Negev.

Nr. 143 Doppelflöte, Schilfrohr, schwarzgeteerter Faden. Besteht aus zwei nebeneinander gebundenen Rohrflöten mit je 6 Löchern. Wurde von den Kleinviehhierten beim Beaufsich-
L = 26,2 cm Br = 2,6 cm [tigen der Herde gespielt.
Herkunft: *Beerševa*, Negev.

Nr. 144 Flöte, Schilfrohr. Einfache Flöte mit 5 Löchern. Wie die Doppelflöte hauptsächlich
L = 19,2 cm Br = 1,1 cm [von Hirten gespielt.
Herkunft: *ʿAzāzma*, Negev.

Nr. 145 Metallflöte, Kupfer. Einfache Flöte mit 6 Löchern und ohne Pfeifverschluß.
L = 42,8 cm Br = 1,5 cm
Herkunft: *ʿAzāzma*, Negev.

Nr. 146 Zuckerhammer, Messing, Kupfer, massiv. Dient zum Zerschlagen der Zuckerhüte. Für die traditionelle Beduinenkultur untypisch, da nur ungesüßter Kaffee getrunken wurde. Heute verwenden die Beduinen Zucker hauptsächlich für den Tee, dessen Genuß sich seit einigen Jahrzehnten bei ihnen eingebürgert hat.
L = 20 cm L (d. Kopfes) = 11,2 cm
Herkunft: Negev.

Nr. 147 Mariatheresientaler, Siber. Diese Münzen wurden bis in die jüngste Vergangenheit nachgeprägt; sie dienten in entfernten Gegenden des Orients noch in der Mitte dieses Jahrhunderts als Zahlungsmittel. Außerdem hatten sie eine wichtige Funktion in der beduinischen Schmuckherstellung: aus ihnen wurde zum Teil das Material für den Silberschmuck
∅ = 4 cm [gewonnen.
Herkunft: *Beerševa,* Negev.

Nr. 148 Armreif, Silber. Durchbrochener, mit Filigran verzierter Armreif, der sich mittels eines Stiftes öffnen läßt. Relativ altes Stück (20er Jahre dieses Jahrhunderts).
H = 6,2 cm ∅ = 5,6 cm
Herkunft: Negev.

Nr. 149 Halskette, Bernstein, Silber, Kunstfaser. Besteht aus an einem Kunstfaserfaden abwechselnd aufgereihten hohlen Siberkügelchen und Bernsteinscheiben.
L = 36 cm
Herkunft: Negev.

Nr. 150 Vier Kamelglocken, Messing, Bronze, Kupfer. Eine große Glocke (Kupfer) und drei kleinere Glocken (Messing und Bronze). Sie wurden dem Leitkamel um den Hals gebunden.
L = 11 cm 6,5 cm 6,5 cm 4,5 cm
Herkunft: *ʿAṭāwna*, Negev.

Nr. 151 Zigarettenständer, Messing, Silber, Kupfer. Die äußere Seite des Stücks ist mit Silber
H = 8 cm [und Kupfer tauschiert.
Herkunft: *ʿAṭāwna*, Negev.

Nr. 152 Kopfring, Baumwolle, Silber. Besteht aus einer aus Baumwollgarn zusammengedrehten Wulst, die an der Außenseite mit einem bestickten und mit Silbermünzen verzierten Band bedeckt ist. Diente als Unterlage, die beim Tragen von Lasten auf den Kopf gelegt wurde.
Ø = 15 cm H = 3,5 cm
Herkunft: ʿ*Azāzma*, Negev.

Nr. 153 Gürtelteil, Baumwolle, Seide. Stoff, dicht mit Kreuzstichstickerei bestickt.
L = 57,5 cm Br = 9,2 cm
Herkunft: ʿ*Aṭāwna*, Negev.

Nr. 154 Drei Kissen, Seide, Kunstfaser. Die Vorderseiten der Kissen sind aus je drei Stoffbahnen zusammengenäht und mit Kreuzstichstickerei verziert. Die Muster der Stickerei sind nach Angaben der Sammlerin für bestimmte Stämme oder Stammessektionen charakteristisch. Die [Kissen wurden speziell für Hochzeiten hergestellt.
L = 66 cm Br = 45 cm
L = 58,5 cm Br = 43 cm
L = 62 cm Br = 42 cm
Herkunft: ʿ*Aṭāwna*, Negev.

Nr. 155 Frauenkleid, Baumwolle. Fußlanges schwarzes Kleid mit Spitzärmeln, reich bestickt. Bei der überwiegend in Rottönen gehaltenen Stickerei handelt es sich mehrheitlich um die traditionelle Kreuzstichstickerei; kleinere Partien sind mit einfachem Flachstich bestickt.
L = 139 cm L (der Spitzärmel) = 53 cm
Herkunft: Negev.

Nr. 156 Gewehr, Holz, Eisen, Messing, Perlmutt. Sekundär in Anlehnung an alte Feuerstein-[schloßflinten der Beduinen zusammengesetztes Gewehr.
L = 137 cm
Herkunft: Jerusalem

Nr. 157 Ziegenhaargurt, Ziegenhaar, Kunstfaser. Aus Ziegenhaar geflochtener und stellenweise mit grellbunten Kunstfaserfäden verzierter Gurt, der an beiden Enden in je drei großen Troddeln endet. Dient zum Befestigen von Lasten auf dem Kamel. Nach Angaben der Sammlerin heute nicht mehr im Negev verwendet, sondern von den Beduinen des Negev als Exportware für die Beduinen des Sinai, die noch mehr Kamele benutzen, hergestellt.
L = 450 cm Br = 7 cm
Herkunft: Negev

Nr. 158 Nähmaschine, Holz, Eisen. Älteres Modell. Nähmaschinen fanden schon in den Jahren vor dem zweiten Weltkrieg Eingang in Beduinenhaushalte des Negev; heute besitzen [alle Beduinenfrauen Nähmaschinen.
Herkunft: ʿ*Azāzma*, Negev.

Nr. 159 Wasserkrug, Kupfer. Derartige Wasserbehälter sind für den gesamten Orient [charakteristisch.
H = ca. 60 cm
Herkunft: Negev.

Ausgewählte Bibliographie

D. H. K. Amiran, The Pattern of Settlement in Palestine.
Israel Exploration Journal 3. 1953

D. H. K. Amiran und *Y. Ben-Arieh,* Sedentarization of Beduin in Israel.
Israel Exploration Journal 13. 1963

ʿĀref el-ʿĀref, Die Beduinen von Beerseba. Ihre Rechtsverhältnisse, Sitten und Gebräuche.
Aus dem Arabischen übersetzt von Dr. Leo Haefeli.
Luzern 1938

C. Bailey, Die Dichtung der Beduinen.
Ariel 33/34. 1973/74

C. el-Barghuthi, Judical courts among the Beduin of Palestine.
Journal of the Palestine Oriental Society 2. 1922

W. H. Bartlett, Forty days in the desert on the track of the Israelites.
London 1862

H. Blanc, The Arabic dialect of the Negev Bedouins.
Proceedings of the Israel Academy of Sciences and Humanities 4 (7). 1970

F. S. Bodenheimer, Animal life in Palestine. An introduction to the problems of animal ecology and zoogeography.
Jerusalem 1935

J. L. Burckhardt, Reisen in Syrien, Palästina und der Gegend des Berges Sinai. 2 Bde.
Weimar 1824

J. L. Burckhardt, Notes on the Bedouins and Wahábys. 2 Bde.
London 1831 (reprint 1967)

T. Canaan, Die Azazime Beduinen und ihr Gebiet.
Zeitschrift des Deutschen Palästina Vereins 51. 1928

J. Chelhod, L'organisation judiciaire chez les Bédouins du Négueb.
Anthropos 60. 1965

G. M. Crowfoot, The tent beautiful: a study of pattern weaving in Trans-Jordan.
Palestine Exploration Fund Quarterly 1945

G. H. Dalman, Arbeit und Sitte in Palästina. 7 Bde.
Gütersloh 1931 ff. (reprint Hildesheim 1967)

Ebers-Guthe, Palästina in Bild und Wort. 2 Bde.
Stuttgart/Leipzig 1884

E. Elath, The Bedouin of the Negev.
Journal of the Royal Central Asiatic Society 45. 1958

E. Epstein, Bedouin of the Negeb.
Palestine Exploration Fund Quarterly 1939

C. G. Feilberg, La tente noire: contribution ethnographique à l'histoire des nomades.
Kopenhagen 1944

E. Gräf, Das Rechtswesen der heutigen Beduinen.
Walldorf (Hessen) 1952
S. Hillelson, Notes on the bedouin tribes of the Beersheba district.
Palestina Exploration Fund Quarterly 1937–1938
G. Hundt, Beduinen: das neue Negev-Proletariat?
Merianheft »Israel« 12 (XXXI/C). 1978
P. A. Jaussen, Coutumes des Arabes au pays de Moab.
Paris 1908 (1948)
T. Lawrence und *L. Woolley,* The wilderness of Zin.
London 1915
M. Ma'oz. Ottoman reform in Syria and Palestina, 1840–1861. The impact of the Tanzimat on politics and society.
Oxford 1968
E. Marx, Bedouin of the Negev.
Manchester 1967
H. V. Muhsam, Sedentarization of the Beduin in Israel.
International Social Science Journal 11. 1959
A. Musil, Arabia Petraea III: Ethnologischer Reisebericht.
Wien 1908
M. v. Oppenheim, Die Beduinen. Bd. II: Die Beduinenstämme in Palästina, Transjordanien, Sinai und Hedjaz.
Leipzig 1943
E. H. Palmer, The desert of the exodus. Journeys on foot in the wilderness of the forty years' wanderings. 2 Bde.
Cambridge 1871
PLO, Palästinensische Volkskunst. Ausstellung der Palästinensischen Befreiungsorganisation (PLO).
Berlin 1978
E. Robinson, Biblical researches in Palestine and the adjacent regions: a journal of travels in the years 1838 and 1852. 3 Bde.
London 1856
H. C. Ross, Bedouin jewellery in Saudi Arabia.
London 1978
U. J. Seetzen, Reisen durch Syrien, Palästina, Phönicien, die Transjordan-Länder (. . .). Hrsg. von F. Kruse. 4 Bde.
Berlin 1854–1859
Y. K. Stillmann, Palestinian Costume and Jewelry.
Santa Fe 1979
W. Thomson, The land and the book. Bd. I: Southern Palestine.
London 1881
H. M. Tristram, The land of Israel.
London 1866
S. Weir, Spinning and weaving in Palestine.
London 1970
S. Weir, The Bedouin. Aspects of the material culture of the Bedouin of Jordan.
London 1976

Transkriptionstabelle

Buchstabe	Lautwert
ʾ	Glottisöffnungslaut, wie im Deutschen vor anlautendem Vokal (z. B. *be'achten*)
ṯ	Stimmloser Interdental, wie das englische *th* in *thief*
ǧ	*dsch,* wie im Englischen bei *John*
ḥ	Stimmloser spirantischer Pharyngal (Rachenlaut)
ḫ	Entspricht dem deutschen *ch* vor dunklen Vokalen, wie z. B. in *ach*
ḏ	Stimmhafter Interdental, wie das englische *th* in *that*
z	Stimmhaftes *s*
š	Entspricht dem deutschen *sch*
ṣ	Stimmloses emphatisches *s*. Die Emphase bewirkt eine ‚dumpfe' Artikulationsweise
ḍ	Emphatisches *d*
ṭ	Emphatisches *t*
ẓ	Stimmhafter emphatischer Interdental
ʿ	Stimmhafter spirantischer Pharyngal (Rachenlaut); ist ein Konsonant
ġ	Entspricht dem sogenannten Zäpfchen-*r*
q	Velares *k*, d. h. am hinteren Gaumen artikuliert
w	Entspricht dem englischen *w*
ā	Langes *a*
ū	Langes *u*
ī	Langes *i*